시간이 놓친 역사, 공간으로 읽는다

금요일엔
역사책

3

시간이 놓친 역사, 공간으로 읽는다

·

여호규 지음

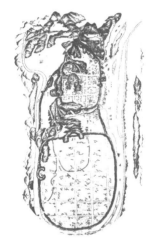

한국역사연구회
역사선

푸른역사

○

머
리
말

최근 공간에 대한 관심이 부쩍 높아지고 있다. COVID-19 팬데믹은 이러한 경향을 더욱 가속화시켰다. 코로나 팬데믹은 우리의 일상생활을 크게 바꿔놓았는데, 온라인 공간의 일상화를 가장 큰 변화로 들 수 있다. 그런데 많은 이들이 온라인을 통해 다양한 가상공간을 체험할수록 우리가 두 발을 딛고 사는 오프라인 공간의 소중함을 더욱 절실히 깨닫는다고 한다. 코로나 팬데믹으로 일상적으로 접하는 공간의 형태가 크게 바뀜에 따라 그동안 인간의 삶에서 공간이 얼마나 중요한 존재였는지 새삼 깨닫게 된 것이다.

인류가 공간을 무대로 삶을 꾸리고, 역사를 일구어왔음을 생각하면 지극히 당연한 현상이다. 그렇지만 근대 역사학에서 공간은 상당히 오랫동안 제대로 대접받지 못했다. 심지어 '지리결정론' 이라 하여 역사 연구에서 '지리' 나 '공간' 의 중요성을 강조한 입장을 터부시하기도 했다. 필자도 공부를 시작하던 1980년대에 지명의 위치 비정과 관련한 몇몇 논문을 제외하면 지리나 공간과 관련한 연구 성과를 접한 기억이 거의 없다.

필자가 어렴풋하게나마 공간의 중요성을 깨닫기 시작한 것은 1990년대에 고구려사를 연구하면서부터이다. 한반도와는 풍광이 사뭇 다른 만주 일대를 답사하며 그 지역의 지리환경이 고구려사에 어떠한 영향을 끼쳤는지 고민하기 시작했다. 이를 바탕으로 압록강 중상류에 산재한 적석묘의 분포 양상을 통해 고구려 국가 형성을 고찰하고, 산간 교통로를 따라 지방제도를 정비하는 양상을 탐구하기도 했다. 만주 일대의 고구려 성과 관련한 고고 자료를 정리하며 만주 각지의 지리적 특성을 조금씩 이해하기도 했다.

2000년대 들어 우연한 계기로 고구려뿐 아니라 신라나 백제 등 한국 고대 도성에 관한 연구를 진행하게 되었다. 이 무렵부터 역사의 무대인 공간에 본격적으로 관심을 기울이기 시작했다. 어릴 때 놀이 삼아 즐겨했던 지도 보기도 한몫을 한 것 같다. 다만 이때는 각종 문헌 사료나 고고 자료를 종합해 도성의 조영 과정이나 공간구조를 실증적으로 고찰하는 것에 그쳤다. 무언가 부족하다고 느꼈지만, 각종 지리학 개론서를 참조하는 것 이상으로 공간에 관한 이론을 공부할 생각을 하지는 못했다.

2010년대 들어 비로소 다양한 공간이론을 접했다. 지리학·사회학 분야의 연구논저와 함께 당시 활발하게 출간되던 공간이론 관련 번역서가 많은 도움이 되었다. 이들 연구논저와 번역서를 통해 지리나 공간과 관련한 주요 용어와 개념을 익히며 공간에 대한 이해를 조금씩 넓혀갈 수 있었다. 아울러 이러한 용어와 개념을 통해 실증적 연구만으로는 잘 풀리지 않던 문제들을 해결해나가며 공간이론의 중요성을 더욱 절감했다.

많이 부족하지만, 이 책은 필자가 그동안 습득한 공간이론을 한국고대사에 접목해본 것이다. 2014년에 은사이신 노태돈 선생님의 정년기념논총에 쓴 〈한국 고대 공간사 연구의 가능성 모색〉이 이 책의 기본 뼈대를 이룬다. 이를 바탕으로 근대역사학에서 공간이 제대로 대접받지 못한 이유를 밝히고, 공간을 체계적으로 이해하기 위한 주요 개념을 고찰했다. 그런 다음 왕궁, 도성, 소경, 별도에 관한 필자의 실증적인 글에 공간이론을 접목하여 한국 고대 공간의 역사를 새롭게 규명할 연구방법론을 탐색하려고 노력했다.

글이 좀 어렵고 생경하다는 느낌도 들겠지만, 공간에 담긴 역사를 새롭게 연구하기 위한 몸부림으로 혜량해주시기 바란다. 그래도 많은 분의 도움 덕분에 한국사 대중서의 새 장을 펼쳐갈 시리즈의 서막을 여는 일익을 담당하게 되었다. 본 시리즈를 기획하고 필자의 원고를 선정해주신 한국역사연구회의 임원진과 출판위원회에 감사드린다. 아울러 난삽한 원고를 산뜻하게 디자인한 푸른역사의 박혜숙 대표와 정호영 편집장께도 감사의 마음을 전한다.

2023년 봄

왕산서실에서 여호규

01

공간,
왜 주목해야 하나

인류와 공간의 관계

지구상의 모든 생물은 일정한 공간을 점유해야만 생존할 수 있다. 만물의 영장이라는 인간도 예외는 아니다. 어떤 사람이 특정한 공간을 점유한 순간, 그의 몸속에 기생하는 바이러스나 세균을 제외한 다른 생물은 그 공간을 점유할 수 없다. 공간의 점유는 숨을 쉬는 것과 마찬가지로 인간 생존의 가장 근본적인 전제조건이다.

　그래서 거의 모든 창조신화는 태초에 하늘과 땅이 열리며 공간이 생성되고, 그에 뒤이어 빛과 바람, 생명체가 탄생했다(창조되었다)고 묘사하고 있다. 《구약성경》 창세기 편도 "태초에 하나님께서 하늘과 땅을 창조하셨다. 땅은 형태가 없고 비어 있으며 어둠

은 깊음의 표면에 있고 하나님의 영은 물들의 표면 위에서 움직이
셨다. 하나님께서 이르시되 빛이 있으라 하시매 빛이 있었고"라
고 시작한다. 신이 세상을 창조할 때 어둠을 밝히는 빛보다 먼저
하늘과 땅이라는 공간부터 만드셨다는 것이다(유현준 2020, 26).

고조선의 단군신화도 "환웅이 자주 천하에 뜻을 두었다"라고
시작하며, 신라의 건국설화도 "고조선 유민들이 산골짜기에 흩어
져 6촌을 이루었다"로 시작한다. '천하'나 '산골짜기'는 고조선이
나 신라 사람들이 삶을 일구며 나라를 세웠던 터전을 일컫는다.
한국 고대의 건국설화도 여느 창조신화처럼 가장 먼저 사람들이
살아가는 공간부터 묘사한 것이다.

이처럼 인류는 일찍부터 공간이 인간 생존의 근본조건이라는
사실을 명확하게 인식했다. 실제 인류는 공간을 무대로 삼아 시간
의 흐름에 따라 역사를 전개했다. 이런 점에서 공간은 역사 연구
의 가장 중요한 대상 가운데 하나이다.

그런데 종래 역사 연구는 주로 역사의 주체인 인간, 그리고 그
들이 만들고 빚어낸 제도와 삶의 시간적 변화를 추적하는 형태로
이루어졌다. 그 결과 인간 삶의 근본조건을 이루었던 공간은 별다
른 주목을 받지 못했다. 이러한 시간 우위의 역사 인식은 근대사
회로의 전환과 더불어 형성되었다.

공간 중심의 세계관과 역사관

오늘날 누구나 충분한 돈과 시간만 있다면 쉽게 세계 일주를 떠날 수 있다. 핸드폰이나 인터넷으로는 언제든지 지구 반대편의 사람과 실시간으로 소통할 수 있다. 교통과 통신수단의 발달로 우리는 공간의 제약을 거의 느끼지 못하며 살아간다. 그렇지만 공간의 제약은 우리가 생각하는 것보다 훨씬 오랫동안 인류가 뛰어넘기 힘든 커다란 장벽으로 작용했다.

기차나 자동차 등 근대 교통수단이 발달하기 이전에 사람들은 대부분 걸어서 이동했다. 사람이 도보로 이동할 경우 시간당 약 4킬로미터를 걸을 수 있다. 하루 8시간을 꼬박 걸어야 30킬로미터 남짓 갈 수 있다. 하루에 100리(40킬로미터) 가는 것이 쉽지 않았던 것이다. 이에 고려나 조선 시대에는 역참 시설을 대체로 30킬로미터 전후 간격으로 설치했다. 지금은 고속철도를 타면 부산에서 서울까지 3시간도 걸리지 않지만, 조선 시대에 부산의 선비가 과거를 보려면 보름 가까이 걸어야 한양에 당도할 수 있었다.

한국 단편소설의 백미로 꼽히는 이효석의 〈메밀꽃 필 무렵〉도 도보 이동의 애환을 잘 묘사하고 있다. 이 소설은 5일장을 전전하는 장돌뱅이 이야기인데, 주인공인 허 생원이 조 선달, 동이와 함께 보름을 갓 지난 부드러운 달빛을 받으며 소금을 뿌린 듯 새하얀 메밀밭을 배경으로 강원도 봉평장에서 대화장으로 가는 장면을 그리고 있다. "대화까지는 칠십 리의 밤길"이라는 구절은 이들이 밤을 꼬박 지새우며 걸어야 30킬로미터가 채 안 되는 목적지에 도착할 수 있음을 암시한다.

근대 교통수단이 발달하기 이전에는 각종 물자를 운송하는 데도 비용이 많이 들었다. 특히 수로보다 육로 운송에 비용이 많이 들었는데, 험준한 고개를 넘을 때는 그 비용이 엄청나게 늘어났다. 조선 후기에 쌀 1석을 영남 지방에서 소백산맥을 넘어 남한강까지 운송하는 데 쌀 2석의 비용이 들었다고 한다.[*] 배보다 배꼽이 더 컸던 셈이다. 이에 조선은 바다와 강의 수로를 연결한 조운체계를 정비하여 각종 물자를 도성으로 운송했다.

또한 근대 통신수단이 발달하기 이전에는 주로 사람이 직접 이동하여 각종 소식을 전할 수밖에 없었다. 조선의 경우 봉수烽燧라는 전국적인 통신망을 구축했지만, 구체적인 정보를 정확하게 전달하는 데는 많은 한계가 있었다. 이에 변경에 적군이 침입하는 등 비상사태가 발생하면, 사람이 직접 파발마를 타고 도성까지 이동하여 보고했다.

이처럼 근대적인 교통이나 통신수단이 발달하기 이전에는 사람들이 공간을 이동하거나 정보를 전달하는 데 많은 제약을 받았다. 사람들이 공간의 제약을 크게 받으며 그에 강하게 매인 삶을 영위했던 것이다. 이에 전근대 사람들은 세계나 역사를 인식할

---

[*] 《비변사등록》 82책, 영조 3년 9월 21일.

때도 '시간'보다 '공간'을 더 우선시했다. 중국의 화이관華夷觀이나 고구려의 천하관은 이를 잘 보여준다.

중국의 화이관은 천하를 중화中華와 이적夷狄으로 나누는 이분법적 세계관이다. 화이관은 춘추-전국 시대를 거치며 형성되었는데, 중원 지역을 세계의 중심이라는 뜻에서 중국中國, 그곳 사람들을 예속을 아는 화하華夏라 자처하며 중화라는 우월한 관념을 확립했다. 반면 이들과 언어나 풍속이 달랐던 주변 이민족을 짐승에 비유하며 멸시하는 이적 관념을 만들어냈다. 화이관은 중원과 그 주변 지역을 공간적으로 구별하고 차별적으로 인식하는 공간 중심의 세계관이었다.

고구려도 이러한 중국의 화이관을 변용하여 자국 중심의 천하관을 수립했다. 고구려인들은 자신들의 영토를 하늘의 신성한 혈통을 계승한 대왕이 다스리는 '대왕 국토'라 자부하면서, 신라는 동쪽의 이적이라는 뜻에서 '동이東夷', 동북방의 읍루(물길)는 야만적인 존재라는 의미에서 '숙신肅慎'이라 일컬었다. 고구려가 자신의 영토와 주변 지역을 공간적으로 구별한 다음, 자국 중심의 천하관을 확립한 것이다.

이처럼 전근대 시기에는 공간의 제약을 크게 받았기 때문에 세계관이나 천하관은 주로 '공간적 구분과 차별'이라는 형태로 표출되었다. 이로 인해 시간은 종종 공간의 광활함을 묘사하기 위한 보조수단으로 활용되기도 했다. 가령《삼국지》동이전 서문에는 "순 임금부터 주나라에 이르기까지 서융에서는 백옥 반지를

[그림 1] 충주고구려비
고구려는 신라를 '동이東夷의 땅'이라 일컬으며 '태왕太王의 나라'인
자국과 공간적으로 구별하고 차별했다.
ⓒ 여호규

바쳤고, 동이에서는 숙신이 조공을 한 바 있다. 모두 아주 오랜만에 이르렀는데, 그 멀고도 멂이 이와 같다"라는 구절이 나온다. 서융이나 숙신이 중원 지역에서 공간적으로 아주 멀리 떨어졌다는 것을 표현하기 위해 '아주 오랜만에 조공했다'는 시간적 표현을 사용한 것이다.

또한 조위曹魏의 동방 원정을 서술하며 "고구려가 배반하자 군대를 보내어 토벌했는데, 극히 먼 곳까지 추격했다. …… 숙신의 뜰을 밟고 동쪽으로 큰 바다에 다다랐는데, 그곳 노인들이 이상한 얼굴을 가진 사람이 있고 해가 뜨는 곳에 가깝다고 말했다"라고 했다. 조위가 종전의 어떤 중원 왕조보다 동쪽 멀리까지 정벌해 숙신의 땅을 밟고, 해 뜨는 곳 근처까지 도달했다고 칭송한 것이다. 공간의 제약이 컸던 만큼 중원 지역에서 멀리 떨어진 곳까지 원정한 것은 왕조의 위대함을 표출하는 가장 효과적인 방식이었다.

《80일간의 세계 일주》에 담긴 메시지

지금으로부터 150여 년 전인 1873년, 프랑스 파리에서 《80일간의 세계 일주》라는 소설이 출판되었다. 《해저 2만 리》, 《15소년 표류기》 등 공상 과학소설의 원조인 모험소설을 많이 썼던 프랑스 작가 쥘 베른의 작품이다. 이 소설은 이미 프랑스의 《르 떵*Le* *temps*》이라는 신문에 연재되어 발행 부수가 폭발적으로 늘어날 정도로 선풍적인 인기를 끌었는데, 단행본으로 발간되자 유럽 여러 나라 언어로 번역되어 구미 전역으로 퍼져나갔다.

시골에서 자라 미지의 세계에 호기심이 많았던 필자도 어린 시절 이 책을 읽으며 주인공의 모험담에 푹 빠진 적이 있다. 특히 주인공이 인도에서 코끼리를 타고 정글을 지나다가 추장의 장례에서 화장당할 위험에 처한 아리따운 여인 아우다를 구해주던 장면은 지금도 생생하게 기억난다. 독자 중에도 이 소설을 흥미진진하게 읽은 분이 적지 않을 것이다. 1957년 아카데미상을 휩쓸었던 마이클 앤더슨 감독의 영화를 감상한 분도 적지 않을 테고.

이 소설의 관전 포인트는 "80일 만에 지구를 일주할 수 있을까?"이다. 지금으로서는 질문거리도 안 되는 것이지만, 당시는 자동차가 막 개발되기 시작하던 때였고,[*] 비행기는 아직 발명되기 전이었다.[**] 당연히 대부분의 사람들은 80일 만에 세계를 일주하는 것은 불가능하다고 생각했다. 그렇지만 소설의 주인공인 필리어스 포그는 인도를 횡단하는 철도가 완공되었다는 신문기사를 보고 기선[배]과 기차를 이용하면 80일 만에 세계를 일주할 수 있다고 확신했

---

* 1860년에 가스 내연기관이 처음 개발되었고, 가솔린 내연기관은 1883년, 디젤 내연기관은 1897년에 개발되었다.
** 미국의 라이트 형제가 만든 최초의 비행기인 플라이어호는 1903년에 12초 동안 36미터를 비행하는 데 성공했다.

시간이 놓친 역사, 공간으로 읽는다 ─●

다.

이 소설은 19세기 중후반의 역사적 상황을 아주 잘 묘사하고 있다. 당시 서구 열강은 전 세계 각지를 침략해 식민지를 건설했다. 세계 최강이었던 영국은 '해가 지지 않는 나라'라고 불릴 정도였다. 특히 기선과 기차 등 근대 교통수단이 발달하면서 지구는 점차 하나로 연결되어가고 있었다. 이에 쥘 베른은 당시 세계의 중심지였던 영국 런던을 출발점으로 설정하고, 주인공인 포그가 주로 영국 식민지나 식민지였던 지역을 지나 세계를 일주하는 것으로 묘사했다. 《80일간의 세계 일주》는 언뜻 보면 지구 곳곳에서 겪은 모험담을 다채롭게 서술한 것처럼 보이지만, 그 밑바닥에는 유럽 중심적 세계관이 깔려 있는 것이다.

이 소설은 서구인들에게 지구는 더는 가기 힘든 곳이 많은 미지의 세계가 아니라, 기차나 기선 등 근대적인 다양한 교통수단을 이용하면 어디든 쉽게 갈 수 있는 세계라는 메시지를 던져주고 있다. 당시 서구인들이 이 소설에 열광했던 이유도 여기에 있을 것이다. 보통 사람으로서는 불가능하다고만 여겼던 세계 일주를 주인공이 온갖 위험을 무릅쓰고 마침내 성공하는 모습에 많은 독자가 매료되었을 것이다.

포르투갈의 마젤란 탐험대가 인류 최초로 세계를 일주하는 데 꼬박 3년이 걸렸는데(1519년 8월~1522년 9월), 오직 범선에 의지하여 이동했다. 반면 이 소설의 주인공은 하인 1명만 데리고 도전에 나섰지만, 기차나 기선 등 근대 교통수단 덕분에 당시로서는 80

일이라는 경이로운 기간에 세계 일주에 성공할 수 있었다. 이 소설의 작가 쥘 베른은 인류를 가로막아왔던 공간의 제약이 이제 더는 뛰어넘지 못할 장벽이 아님을 선언하고 싶었던 것이 아닐까.

시간 우위 역사관으로의 전환

이처럼 근대 교통수단의 발달은 신속한 공간 이동을 가능하게 했다. 이에 따라 지구상의 물리적 공간은 종전과 같이 그대로 존재하지만, 이를 이동하는 데 소요되는 시간은 엄청나게 단축되는 '공간의 압축' 현상이 일어났다. 마젤란 탐험대와 비교하면 《80일간의 세계 일주》의 주인공은 지구라는 공간을 13분의 1로 압축시켜 이동한 셈이었다.

오늘날 비행기를 이용하면 전 세계 거의 모든 도시를 하루에 갈 수 있다. 지구라는 공간이 끝도 알지 못하던 무한대 거리에서 '1일 거리'로 압축된 것이다. 더욱이 빛의 속도로 정보를 전달하는 통신수단의 발달로 모든 지구인은 지구촌 각지에서 일어나는 사건을 실시간으로 접하고, 각종 SNS를 통해 전 세계의 불특정 다수와 실시간으로 소통할 수 있게 되었다. 사람들 사이에 존재하던 공간의 제약이 사라진 '공간의 소멸' 현상이 일어난 것이다.

교통과 통신 수단의 발달 덕분에 인류는 공간의 제약으로부터 자유로워졌다. 이에 따라 전근대 사회의 공간 우세 현상은 점차

[그림 2] 콜로라도호
1871년 신미양요 당시의 기선. 근대 교통수단은 신속한 공간 이동을
가능하게 하며 공간 압축 현상을 불러왔다.
* 출처: 미국 해군 역사·문화유산 사령부Naval History and Heritage Command.

시간 우위로 전환되었다(Markus Schroer 2010, 179~193). 시간 우위의 역사관이 성립할 토대가 마련된 것이다. 다윈의 진화론은 이를 뒷받침했다. 《80일간의 세계 일주》 간행보다 14년 앞선 1859년에 다윈의 《종의 기원》이 발표되면서 서구사회에 진화론적 인식이 급속하게 확산되었다.

초창기 사회학은 인류사회가 단순한 사회에서 복잡한 사회로 이행한다고 상정했는데, 이러한 이행을 시간적 변화로 이해했다. 당시까지 존재하던 단순한 사회형태는 지나간 시대의 퇴물로서 '태곳적' 존재라는 의미에서 '원시사회primitive society'라 불린 반면, 복잡한 사회형태는 아주 발달한 선진적인 사회로 인식되었다. 지구상에 같은 시기에 공시적共時的으로 존재하는 다양한 사회형태를 진화론적 사유방식을 통해 마치 시간적 선후를 달리하며 서로 다른 시기에 존재했던 것처럼 재배열한 것이다.

이러한 역사 인식은 마르크스가 주창한 사적 유물론에서도 확인된다. 마르크스는 계급투쟁을 통한 역사 발전을 강조하기 위해 '혁명적 시간' 개념을 도입했다. 인류 역사에서 지리를 중시하는 것은 반역사적인 것으로 치부되고, 공간을 역사적·사회적 결정인자로 보는 관점은 폐기되었다. 공간과 기타 물질적 존재 사이에 다양한 변증법적 관계를 설정할 수 없게 된 것이다(Edward Soja 1997, 113~114).

이로써 거의 모든 사회이론이나 역사이론에서 시간이 공간보다 우위를 점하게 되었다. 공간은 단순히 시간적 과정이 작동하는 선재적先在的 배경으로 상정되거나, 인간 행위의 근본조건이 아니라 우연적인 요소로 치부되었다. 나아가 사회이론이나 역사 이론이 사회변동과 정치적 혁명에 초점을 맞춤에 따라 '진보'를 중시하게 되었는데, 이러한 진보 가운데 '역사적 시간'이 가장 주요한 차원을 이루면서 모든 공간적 장벽의 철폐, 궁극적으로 시간을 통한 공간의 절멸을 지향하기에 이르렀다(David Harvey 1994, 243~245).

시간 우위 역사관의 서구 편향성

앞서 이야기한 《80일간의 세계 일주》라는 소설은 이러한 시대 분위기 속에서 탄생했다. 일반인도 기선이나 기차 등을 이용하면 80일 만에 세계 일주를 할 수 있다는 메시지는 '공간적 장벽의 철폐'를 염원하던 당시의 서구인들에게 엄청나게 매혹적인 이야기로 다가왔을 것이다. 유의할 부분은 이 소설의 저변에 유럽 중심적 세계관이 강하게 깔려 있는 것에서 확인 가능하듯 19세기 후반에 탄생한 시간 중심의 사회이론이나 역사관도 철저하게 유럽 중심적 시각을 견지했다는 점이다.

당시 여러 이론의 준거 틀로 부상한 '근대성modernity'은 유럽이 성취한 산업자본주의와 동일시되었다. 이에 따라 근대 유럽은 인류의 성취를 상징하는 근대성의 지표가 되었고, 지구상에 공시적으로 존재하는 공간적 차이는 근대 유럽을 정점으로 하는 발전 단계의 차이로 해석되었다(Edward Soja 1997, 45~49). 지구상의 모든 지역과 국가는 유럽 중심의 진보와 문명이라는 시간 관념에 근거해 시간적인 줄 세우기의 대상으로 전락했는데, 이는 '비문명 지역'에 대한 문명국(유럽)의 식민 지배를 정당화하는 근거를 제공했다(大城直樹 2010, 168~169).

일제도 이러한 시간 우위의 역사관을 활용하여 조선에 대한 식민 지배의 정당성을 강변했다. 일제 식민사관은 타율성론과 정체성론을 양대 축으로 삼고 있다. 타율성론이 한국사의 자율적 역량을 무시하는 논리라면, 정체성론은 한국사가 정상적인 역사 발전 과정을 거치지 못했다고 강변하는 논리이다. 한국사는 서구의 중세 봉건사회에 해당하는 역사 발전 단계를 거치지 못했기 때문에 19세기 조선사회는 일본 고대 말기인 10세기 전후에 해당한다는 것이다.

이는 근대화를 먼저 이룩한 일본이 조선을 식민지로 삼아 근대사회로 이끌어주는 것은 지극히 당연하다는 궤변으로 이어졌다. 일제 식민사관은 역사 발전 단계라는 시간 관념에 근거해 19세기의 조선을 일본 고대 말기에 해당하는 '정체된 사회'로 설정함으로써 조선에 대한 식민 지배를 정당화했다. 자신들과 같은 시기에 공존했던 19세기 조선사회를 그보다 10세기나 전의 일본 고대사회와 동일시하며 시간적으로 서열화했던 것이다.

이처럼 근대사회로의 전환과 함께 인간이 공간의 제약을 벗어

남에 따라 시간 우위의 역사관이 탄생했지만, 그 기준은 서구 중심의 진보와 문명 관념이었다. 이에 따라 공시적으로 존재했던 다양한 사회형태나 정치체는 서구 중심의 진보와 문명이라는 시간 관념에 근거하여 통시적으로 존재했던 것처럼 시간적으로 서열화되고, 이들 정치체의 존립 기반을 제공했던 공간은 설 자리를 잃게 되었다. 이러한 시간 우위의 역사관에 따른 왜곡 현상은 서구 근대 역사학의 영향을 받은 한국 고대사 연구에서도 종종 확인된다.

시간 우위 역사관에 따른 왜곡 현상

근대적인 연구방법론에 입각한 한국 고대사 연구는 1930년대 본격적으로 시작되었다. 1933년 일본 도쿄에서 간행된 백남운의 《조선사회경제사》는 그 서막을 연 저작이다. 백남운은 일제 식민사관의 정체성론이나 민족주의 사학의 관념론을 극복하기 위해 한국사 발전 과정의 체계화를 가장 중요한 목표로 삼고 연구를 진행했다. 그 첫 번째 결과물이 원시 시대에서 삼국 시대까지 다룬 《조선사회경제사》이다.

　백남운은 사적 유물론을 바탕으로 한국 고대국가의 발달 과정을 체계화하고자 했다. 그는 '원시 씨족사회→원시 부족국가→노예제국가(정복국가)'라는 국가 발달 단계론을 제시한 다음, 한국

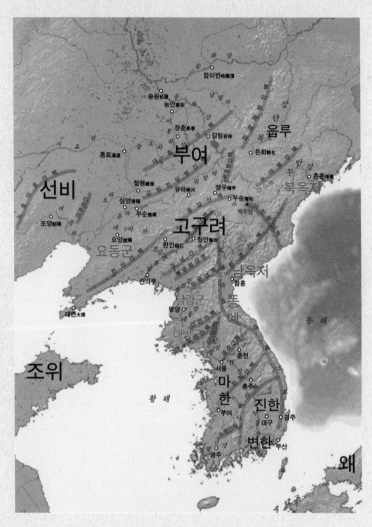

[그림 3] 3세기 중반 만주–한반도의 상황
3세기 중엽 만주와 한반도 일대에는 다양한 정치체와
주민집단이 공존하고 있었다.

고대에 존재했던 다양한 정치체를 시간적으로 서열화했다. 이 가운데 '원시 부족국가' 개념은 이청원이나 전석담 등 다른 사회경제사가에 의해 많은 비판을 받기도 했지만, 그가 제시한 국가 발달 단계론은 이후 한국 고대사 연구에 큰 영향을 미쳤다.

그의 국가 발달 단계론은 부족국가 단계를 더욱 자세하게 구분한 손진태를 거쳐 1960년대에 김철준에 의해 '원시사회→부족국가→부족연맹체→고대국가'라는 통설로 체계화되었다. 1970년대에 '부족국가' 개념을 둘러싸고 다양한 논의가 이루어졌지만, 한국 고대사에 등장하는 무수한 정치체를 '완성된 (중앙집권적·귀족적) 고대국가'를 기준 삼아 시간적으로 서열화하는 경향은 지금까지도 이어지고 있다.

가령 3세기에 만주와 한반도 일대에는 다양한 주민집단과 정치체(국가)가 존재했다. 고조선이 건국되었던 요동 지역과 한반도 서북 지역에는 요동군과 낙랑군 등 중원 왕조의 군현이 설치되었지만, 송화강 중류에는 부여, 압록강 중상류에는 고구려, 함경도 동해안 지역에는 옥저, 함경도 남부–강원도 산간지대에는 동예, 한반도 중남부에는 마한, 진한, 변한 등의 삼한이 자리하고 있었다. 이 가운데 부여나 고구려는 국가 단계로 성장했지만, 옥저나 동예에서는 여러 읍락을 아우른 정치세력이 등장하지 못했고, 삼한도 수십 개의 소국이 병립한 상태였다.

3세기를 전후해 만주와 한반도에는 다양한 주민집단과 정치체가 공존했던 것이다. 그런데 각종 개설서나 교과서에서는 3세기에 존재한 여러 주민집단과 정치체를 정치적 발달 단계에 따라 초기 국가(부족국가, 성읍국가, 치프덤Chiefdom 등)와 고대국가로 구분한 다음, 마치 시간적 선후를 달리하여 존재했던 것처럼 기술하고 있다. 3세기에 공시적으로 존재했던 다양한 주민집단이나 정치체를 국가 발달 단계론에 입각하여 시간적 선후 관계로 서열화한 것이다.

이에 따라 다양한 정치체로 구성되었던 3세기의 만주와 한반도라는 공간은 본모습을 잃게 되었다. 또한 각 주민집단이나 정치체 사이의 다양한 관계망을 포착하기도 어려워졌다. 시간 우위의 역사관이 3세기경 만주와 한반도의 역사적 상황에 대한 정확한 이해를 가로막은 것이다. 의도한 것은 아니지만 시간 우위의 역사관은 결과적으로 역사적 왜곡을 빚어냈다.

시간과 공간을 아우르는 역사로

시간 우위 역사관에 의한 왜곡 현상을 해결하기 위해서는 '시간적 변화'와 더불어 '공간'이라는 측면에 주목할 필요가 있다. 앞서 언급한 것처럼 공간은 시간과 함께 인간 생존의 근본조건으로 인류에게 삶의 터전이자 역사의 무대를 제공했다. 이러한 공간은 인류 역사의 전개와 더불어 끊임없이 변화하고 새롭게 재생산되었다.

가령 인류는 구석기 시대에는 동굴이나 야외 등 자연 공간을 활용해 이동 생활을 하며, 사냥이나 채집을 통해 천연 식량자원을 획득하여 생계를 유지했다. 그러다가 농경과 정착 생활을 하면서 농경지를 개간하고 취락을 조성하는 등 인공 공간을 생산했다. 이로써 공간은 단순히 자연적으로 주어진 존재가 아니라, 인간이 노동력을 투입하여 생산한 인공물로서 점차 장기간 점유(소유)하는 대상으로 바뀌었다.

도시가 발달하고 국가가 형성되면서 인공 공간은 더욱 거대해지고 복합적인 양상을 띠었다. 이에 따라 인간이 생산한 인공 공간이 인간의 삶에 지대한 영향을 미치고, 인간의 각종 행위를 규제하기에 이르렀다. 집, 도로, 사원, 관청, 왕궁, 도시 등 각종 인공 공간이나 건축물이 기능에 따라 분화되고, 이를 건설하고 유지하기 위해 막대한 노동력이 투입되었다.

이에 따라 공간은 단순히 역사의 무대를 제공하는 데 머무르지 않고, 공간 자체가 역사 전개의 핵심 인자로 등장했다. 특히 왕궁이나 관청, 사원, 성곽 등 국가권력과 결합된 거대한 인공 공간은 정치권력을 유지하고 재생산하는 데 핵심 역할을 담당했다. 마치 음식을 담는 용기에 불과했던 그릇이 음식의 맛을 결정하는 것과 유사한 상황이 연출된 것이다.

인류 초창기에 공간은 단순히 자연적으로 주어진 존재에 불과했지만, 역사의 전개와 더불어 끊임없이 새롭게 재생산되며 사회적 산물로 탈바꿈했다. 이런 점에서 시기마다 인류가 건설하고 생산한 공간은 해당 시기의 사회 관계나 정치체제를 형성시키는 배경을 이루었다(Edward Soja 1997, 76~77). 시대별·사회별·생산양식별로 저마다 특색을 갖는 공간의 특성화가 이루어졌던 것이다(Henri Lefebvre 2011, 207).

이로 인해 인류가 생산하고 조직한 공간은 시간의 흐름에 따른 역사를 고스란히 담게 되었다(David Harvey 1994, 259). 종래 역사 연구에서 소홀히 다루었던 공간에 주목하면 사회구조나 정치체제 등 역사의 다양한 면모를 더욱 입체적으로 파악할 수 있을 것이다. 또한 여러 차원의 공간 속에서 공시적으로 존재했던 다양한 역사 주체의 존재 양상과 상호 간의 관계망도 새롭게 이해할 수 있을 것이다(국토연구원 2001; 2005).

02

공간 이해의
출발점

위치와 장소

공간을 가장 전문적으로 다루어온 분야는 누가 뭐래도 지리학이라 할 수 있다. 지리학은 본래 '지리 현상이 '어디에서' 일어났는가?', '그 현상은 왜 '그곳에서' 일어났는가?' 등과 같은 질문을 던지면서 발달했다. '어디인가'라는 질문은 지리학자만의 시선을 갖게 만드는 출발점이며, '위치location'와 '장소place' 등의 용어는 근대 지리학의 근간을 형성하는 핵심 개념이다.

그러므로 '공간을 통한 역사 읽기'를 하려면 먼저 지리학의 핵심 개념부터 잘 이해할 필요가 있다. 위치와 장소 개념은 서로 겹치는 부분이 많다. 위치는 일반적으로 지표상에서의 '절대적 위치'와 '상대적 위치'로 구분한다. 절대적 위치가 지표상에 물리적으로 고정된 특정한 지점을 지칭한다면, 상대적 위치는 각 개인(집단)이 특정한 물리적 지점과 다양한 관계를 맺으면서 자신만의 세계로 상대화시킨 지점을 뜻한다.

절대적 위치가 누구나 공통적으로 인식하는 특정한 지점 곧 객관적 위치를 지칭한다면, 상대적 위치는 이 지점에서 이루어진 인간의 행위나 경험과 결부하여 인식하는 주관적인 위치로 다양한 양상을 띤다. 가령 지금 필자가 이 글을 쓰고 있는 한국외대 글로벌캠퍼스 인경관이라는 물리적 지점의 절대 위치는 지구상에 단 하나만 존재한다. 그렇지만 이 지점에 대한 상대적 위치는 이곳에 머물렀던 학생이나 교수들의 행위나 경험에 따라 '강의했던 곳', '수업을 들었던 곳', '점심을 먹었던 곳' 등등 저마다 다른 양상을 띨 것이다.

한편 각 위치는 다른 위치와 구별되는 다양한 자연적·인문적 특징을 갖는다. '개별 위치가 갖는 여러 특성으로 이루어진 곳'을 지리학에서는 '장소'라고 일컫는다. 장소는 구체적인 위치를 바탕으로 이루어진 인간의 행위나 삶을 담아내는 개념이다. 이런 점에서 장소는 인간이 지표상의 특정 지점에서 다양한 행위를 하거나 삶을 영위하면서 물리적이고 절대적이었던 위치를 상대화시키는 과정에서 생성된다.

한국외대 글로벌캠퍼스에는 1980년 이전만 하더라도 '왕산리'라는 농촌 마을이 자리하고 있었는데, 주로 농경이 이루어지던 장소였다. 그에 비해 1980년 이후 대학 캠퍼스가 조성되면서 교육과 연구가 이루어지는 장소로 바뀌었다. 한국외대 글로벌캠퍼스라는 특정 지점이 그곳에서 이루어지는 인간 행위에 따라 전혀 다른 장소로 탈바꿈한 것이다. '장소'도 '상대적 위치'처럼 특정한 물리적 지점과 인간의 행위나 삶이 결부되면서 생성된 개념이다.

이로 인해 상대적 위치와 장소라는 개념은 혼용하는 경우가 많다. 가령 한국외대 인경관은 대학 교육과 연구가 이루어지는 '장소'인데, 개인의 경험에 따라 '친구를 처음 만났던 곳' 혹은 '연인과 헤어졌던 곳'으로 기억될 수도 있다. 누군가와 만나거나 헤어졌던 '곳'은 군이 분류하자면 상대적 위치에 가까운 개념인데, 흔히 '만났던 장소'나 '헤어졌던 장소'라고 표현한다.

이처럼 위치와 장소 개념은 밀접한 관련을 맺고 있다. 군이 양자의 관계를 따지면 위치라는 개념을 바탕으로 장소라는 개념이 생성되었다고 할 수 있다. 지표상의 특정한 물리적 '위치'가 인간의 행위나 삶과 결부되면서 특정한 '장소'로 전환되기 때문이다. 다만 '상대적 위치'와 '장소'라는 개념은 혼용되는 경우가 많은데, 양자 모두 특정한 물리적 지점과 인간의 행위(삶)가 결부되면서 생성된 개념이기 때문이다. 이런 점에서 '상대적 위치'는 물리적인 '절대적 위치'를 인간의 삶이 담긴 '장소'로 전환하는 매개 역할을 한다.

위치 표시에 담긴 정치적 편향성

모든 인간은 매 순간 지구상의 특정한 물리적 지점에서 어떤 행위를 하며 삶을 영위한다. '지표상의 특정한 물리적 지점' 곧 '절대적 위치'는 인간 행위의 기본조건을 이루는 것이다. 그러므로 우리는 일상생활에서도 다양한 형태로 '절대적 위치' 개념과 관련을 맺게 된다.

가령 누군가에게 전화를 걸어 "지금 어디야?"라고 물을 경우, 일차적으로는 그 사람이 '어느 곳에 있는지' 곧 '지금 있는 절대적 위치'가 궁금한 것이다. 상대방이 어디라고 대답하면 대개 곧바로 알아챈다. 이는 두 사람이 절대적 위치를 표시하는 방식을 공유하고 있기 때문이다. 실제 아주 친밀한 가족이나 연인들의 경우, 절대적 위치를 표시하는 그들만의 방식을 만들어내기도 한다.

그러므로 특정 집단이나 국가의 구성원들이 원활하게 소통하기 위해서는 절대 위치의 표시 방식을 공유할 필요가 있다. 과거 농촌 마을에서는 동네 어귀의 느티나무나 뒷산의 당집 등이 절대 위치의 표시 기준으로 많이 사용되었다. 〈메밀꽃 필 무렵〉에서 허 생원과 성 서방네 처녀가 정분을 나누었던 '물방앗간'도 절대 위치를 표시하는 기준으로 널리 쓰였다. 오늘날 대도시에서는 전철역이나 공원, 빌딩 등 각종 인공 건축물이 절대 위치의 중요한 표시 기준으로 활용된다.

그런데 국가 단위나 세계 차원에서 절대 위치의 표시 방식을 정할 경우, 강한 정치성을 띠게 된다. 개별 국가 단위에서 절대 위치의 표시 방식을 정할 경우, 일반적으로 국가의 중심인 수도[도성]를 기준으로 삼는다. 그리고 이 국가가 강대국일 경우, 그 기준을 주변국에까지 강요하려 든다. 강대국들은 흔히 자국 기준의 절대 위치 표시 방식을 자국 중심의 국제질서를 과시하거나 구축하는 수단으로 삼기 때문이다.

가령 중원 대륙을 통일한 당나라는 강력한 팽창정책을 통해 자국 중심의 일원적 국제질서를 구축하려 했다. 이에 당은 주변국의 지리 위치까지 자국의 도성인 '경사京師(시안)'를 기준으로 표기했다. 《구당서舊唐書》를 보면 유주幽州(베이징)를 "경사의 동북쪽 2,500리에 있다"고 표기했는데, 고구려와 백제도 각각 "경사의 동쪽 5,100리, 경사의 동쪽 6,200리에 있다"고 표기했다. 당이 자신의 도성을 기준으로 하는 절대 위치 표시 방식을 주변국에까지 적용해 자국 중심의 일원적 국제질서를 과시한 것이다.

이에 비해 5~6세기 동아시아 국제질서는 다원적인 양상을 띠었다. 이로 인해 가장 강대국이었던 북위도 자국 기준의 절대 위치 표시 방식을 확립하지 못했다. 오히려 북위는 지역별로 독자 세력권을 구축한 국가를 기준으로 그 주변의 국가나 주민집단의 위치를 표기했다. 가령 《위서魏書》를 보면 동방 지역에 독자세력권을 구축했던 고구려에 대해서는 절대적 지리 위치를 기술하지 않고, 백제는 고구려의 남쪽, 물길은 고구려의 북쪽에 위치했다고 서술했다. 북위가 자국 중심의 국제질서를 수립하지 못한 탓에 주변국의 독자적 위상을 인정하고, 이를 지리 위치 표기에도 반영한 것이다(여호규 2017a, 196~204).

이처럼 국가 단위나 세계 차원의 절대 위치 표시 방식은 강한 정치성을 띠었는데, 오늘날도 마찬가지다. 현재 지구 표면의 절대 위치는 일반적으로 경·위도 좌표로 표시한다. 위도는 지구를 동서 방향으로 평행하게 지나는 선을 지칭하는데, 북반구와 남반구를 가르는 적도가 기준선이다. 경도는 북극과 남극을 연결한 남북 방향의 선인데, 위도에 따라 그 폭이 달라진다. 또한 적도와 같은 절대적인 구분선이 없기 때문에 특정한 기준선을 정하기가 쉽지 않다.

유럽 열강들은 16세기에 전 세계 각지로 세력을 확장하며 각기 자기 나라를 지나는 선을 경도의 기준 자오선으로 삼았다. 이로 인해 수많은 기준 자오선이 탄생했고, 측량을 하거나 지도를 제작할 때 나라마다 기준이 다르고 시간을 맞추기도 힘들었다. 다른 나라의 지도를 활용하거나 다른 나라로 여행할 때 많은 불편이 뒤따를 수밖에 없었다.

그래서 교통수단의 발달로 지구가 하나로 연결될수록 기준 자오선을 제정할 필요성이 높아졌다. 《80일간의 세계 일주》가 출간된 지 11년 후인 1884년에 미국 워싱턴에서 국제 자오선회의가 열렸다. 회의에 참석한 25개국 가운데 22개국이 영국 런던 교외의 그리니치 천문대를 지나는 자오선을 기준 자오선으로 정하는 데 찬

성했다. 당시 세계의 중심이던 영국의 그리니치 자오선이 지구 전체의 본초자오선이 된 것이다.

　오늘날 우리는 19세기 영국 중심의 국제질서가 반영된 경·위도 지구 좌표를 사용하고 있는 셈이다.[*] 'Google Earth' 등 인터넷에서 제공하는 각종 지도에 접속하면, 각 지점의 경·위도 좌표를 쉽게 알 수 있다. 필자도 방금 'Google Earth'에 접속하여 필자가 위치한 지점(한국외대 인경관)의 좌표가 북위 37° 20′ 24″, 동경 127° 16′ 28.34″임을 확인했다.

　경·위도 좌표를 이용한 절대 위치 표시 방식은 갈수록 우리의 일상생활과 불가분의 관계가 되고 있다. 운전할 때 사용하는 내비게이션, 각종 모바일 지도 앱 등은 대부분 경·위도 좌표를 실시간

---

* 현재의 국제적인 본초자오선은 국제지구자전좌표국International Earth Rotation and Reference Systems Service이 정한 IERS기준 자오선인데, 그리니치 자오선에서 동쪽으로 102.5미터(시간으로 5.31초) 떨어져 있다. 그리니치 자오선과 정확히 일치하지 않는 것인데, 인공위성을 활용한 GPS로 지구 좌표를 측정하는 과정에서 좌표 중심이 변환되었고, 판의 움직임 등 다양한 요인으로 인해 자오선 자체가 미세하게 이동하고 있기 때문이라고 한다. 지금도 IERS기준 자오선이 매년 2.5센티미터씩 북동쪽으로 이동한다고 한다.

[그림 4] 영국의 그리니치 천문대와 본초자오선
그리니치 자오선은 영국이 세계의 중심이던 1884년에 지구 전체의 본초자오선이 되었다.

으로 측정하는 GPS(위성 위치확인 시스템)를 활용한다. 우리가 내비게이션이나 지도 앱을 켜는 순간 GPS에 의해 실시간으로 각자의 절대 위치가 경·위도 좌표로 측정되고, 이는 글로벌 차원의 각종 빅데이터의 일부로 저장된다.

우리는 모든 인간의 절대 위치가 글로벌 지리 위치 정보에 실시간으로 담기는 시대에 살고 있는 것이다. 이러한 지리 위치 정보는 특정 국가권력이나 글로벌 기업이 악용한다면 무서운 감시와 통제 수단이 될 위험성이 있다. 인간은 매 순간 절대 위치 속에서 행위를 하는 존재이기 때문에 절대 위치 표시 방식의 정치성은 인류가 슬기롭게 풀어야 할 영원한 숙제라 할 수 있다.

고대사 연구의 토대, 역사지리 연구

이처럼 모든 인간은 매 순간 특정한 절대 위치 속에서 행위를 하며, 그를 둘러싼 요소들과 다양한 관계를 맺으면서 저마다의 경험 세계를 구성한다. 그러므로 인간의 다양한 삶을 파악하려면 먼저 삶의 토대를 이루는 위치부터 정확하게 이해할 필요가 있다. 이에 지리학에서는 일찍부터 위치 개념을 바탕으로 각종 지리 현상과 그곳에 거주하는 사람들의 삶을 이해하기 위한 다양한 연구를 진행했다(전종한 외 2012, 29~30).

지리학이 위치 개념을 출발점으로 삼았던 만큼, 역사학에서의 지리 연구 곧 역사지리 연구도 위치 비정을 중심으로 이루어진 것은 지극히 자연스러운 현상이다. 더욱이 한국 고대의 경우, 고려나 조선 시기와 달리 사료의 부족으로 각종 지명의 위치를 정확하게 비정하기 어려운 경우가 많다. 삼국 시대 이전에 존재했던 종족이나 정치체의 경우에는 그 위치와 분포 범위도 제대로 알기 힘든 실정이다.

이에 20세기 전반 이래 많은 연구자가 고대의 지명이나 정치체(종족)의 위치를 비정하기 위해 많은 관심을 기울였다. 종래 위치 비정과 관련하여 논란이 분분했던 주제로는 한민족의 근간을 이루었던 예맥족의 분포 범위, 우리나라 최초의 국가였던 고조선의 중심지와 그 영역, 고조선 멸망 이후 설치된 한사군의 위치와 범위, 삼한의 위치와 범위, 삼국 초기 도성의 위치, 가야 소국의 위치, 후기 부여의 위치, 삼국 시기의 지명 등을 들 수 있다.

위치 비정과 관련한 이러한 주제들은 모두 특정 종족이나 정치체(국가)의 역사 전개 양상을 이해하기 위한 출발점이다. 각 종족이나 정치체가 어느 곳에 있었는지 파악해야 그들이 처했던 자연환경이나 인문환경, 주변 국가와의 관계 등을 고찰할 수 있기 때문이다. 또한 위치를 정확히 알아야 문헌 사료나 고고 자료를 상호 연계하여 다양한 연구를 종합적으로 진행할 수 있다. 이런 점에서 각 정치체나 지명에 대한 위치 비정은 한국 고대사 연구의 토대에 해당한다.

실제 한사군과 삼한의 위치를 고찰한 연구 성과는 한국 고대사 전체의 전개 양상을 이해하는 기본 토대를 제공했다(이병도 1976).
고조선의 중심지에 관한 연구 성과는 고조선과 관련한 문헌 사료
와 고고 자료를 연계하여 이해하는 기준을 제공했다(노태돈 2000).
최근 고고 조사의 진전으로 삼국 초기 도성의 위치를 비교적 정확
하게 비정할 수 있게 되었는데, 이를 바탕으로 삼국의 국가적 성장
이나 주변 지역과의 교섭 양상 등을 구체적으로 파악할 수 있었다.

다만 위치 비정과 관련한 연구는 여전히 미흡한 상태이며 해결되
지 않은 문제도 많다. 가령 예맥족의 분포 범위나 후기 부여의 위치
에 대해서는 여전히 논란이 분분하며, 삼한 소국이나 삼국 시기 지
명에 대한 위치 비정 연구는 거의 답보 상태이다. 고조선이나 한사
군의 위치 비정과 관련해서는 사이비 역사학자들의 황당무계한 견
해가 횡행하며 일반인들의 올바른 역사 인식을 흐리고 배타적인 국
수주의를 부채질하고 있다.

한국 고대사 연구의 토대를 굳건히 다지기 위해서는 역사지리
연구가 더욱 활성화될 필요가 있다. 다만 종래의 역사지리 연구
는 주로 특정 정치체나 국가의 활동 무대를 찾는 데 주안점이 두
어져 있었다. 각 정치체나 국가의 절대 위치를 비정하는 데에서
크게 벗어나지 못한 것이다. 이처럼 절대 위치 비정에만 매몰될
경우, 자칫 역사지리 연구의 가장 큰 폐단이라 할 수 있는 지리결
정론 내지 환경결정론에 빠질 위험성이 있다.

인간과 장소의 상호작용, 장소 정체성

역사학에서도 '위치location'뿐 아니라 '장소place'와 '공간space' 등 다양한 개념을 받아들여 역사의 무대인 공간을 여러 각도로 이해할 필요가 있다. 인간은 지표상의 특정한 '위치'에서 다양한 행위를 하면서 자신만의 세계를 만들어가는데, 이 과정에서 절대 위치는 개별 인간이나 집단에게 특정한 의미를 갖는 '장소'로 탈바꿈한다. 장소는 개별 인간이나 집단의 다양한 일상생활과 사회적 관계가 펼쳐지는 장이다. 개별 인간이나 집단은 이러한 특정 장소에 거처하면서 지속적인 상호작용을 통해 개인적·집단적 자아를 형성한다(Edward Relph 2005, 128~134).

　그러므로 인간이 생산해내는 다양한 의미 세계를 알기 위해서는 그들이 처한 장소를 정확하게 이해하는 것이 중요하다. 각 장소는 저마다 특정한 의미를 지니고 있어서 가능한 행위가 정해져 있다. 가령 학생이 강의실에서 술을 마시며 고성방가를 한다면 일정한 제재가 뒤따를 것이다. 우리가 어떤 장소에 들어가는 순간 그곳에서 할 수 있는 행위의 범주가 정해지는데, 그 장소가 허락하는 행위를 했을 때만 정상적인 인간으로 인식될 수 있다. 장소는 인간의 행위나 삶을 규정하고, 나아가 자아 정체성까지 형성할 수 있는 핵심 요소인 것이다(전종한 외 2012, 30~32).

　장소 연구는 특정 인간이나 집단의 행동 양식이나 의식 세계를 파악할 수 있게 해준다. 유사한 장소에 대한 비교연구를 통해 각

집단이나 정치체의 특성도 추출할 수 있다. 한국 고대사에서도 제장祭場이나 사원 등 특정 장소를 탐구하여 각 장소의 성립 과정과 기능, 나아가 고대인의 행동 양식이나 의식세계를 분석한 연구가 다수 이루어졌다(최광식 1995; 김복순 2006; 채미하 2008). 최근에는 왕궁을 분석하여 왕궁의 구조와 기능뿐 아니라 정치운영 양상까지 구체적으로 밝히는 연구가 이루어지고 있다(이영호 2005; 양정석 2008; 전덕재 2009; 여호규 2014a).

한편 장소는 인간의 다양한 행위나 삶이 이루어지는 곳이다. 개별 인간이나 집단은 특정 장소와의 끊임없는 상호작용을 통해 '장소 정체성'을 형성한다. 이러한 장소 정체성은 개인의 경험이나 태도에 따라 서로 다른 양상을 띨 수 있다. 여러 명의 화가가 똑같은 풍경을 그리더라도 화가의 개성에 따라 풍경화가 달라지는 것과 같은 이치이다. 다만 개인들의 상이한 장소 정체성은 공동체나 집단 속에서 끊임없이 상호작용하면서 사회화의 과정을 거친다. 이를 통해 공동체나 집단이 공유하는 공공적인 장소 정체성이 형성된다.

이러한 공공의 장소 정체성은 공동체나 집단 내에서 정당화되는 한 계속 유지된다. 다만 장소 정체성도 고정 불변적인 것이 아니라, 환경조건이나 신념체계의 변화에 따라 소멸하거나 새롭게 변화한다. 가령 산업사회 초기만 하더라도 공장 굴뚝은 발전의 상징으로 인식되었지만, 환경의식이 보편화하면서 생태 파괴의 주범으로 내몰리게 되었다. 공동체나 집단의 장소 정체성도 사회적 산물로서 시기마다 변화하는 역사성을 지닌 것이다.

　그러므로 한국 고대사회를 구성하던 각 장소의 정체성을 여러 각도에서 분석한다면, 한국 고대사의 다양한 면모를 새롭게 이해할 수 있을 것이다. 특히 장소 정체성이라는 개념은 조금 뒤에 논의할 인공적으로 생산된 사회적 공간이 어떤 과정을 거쳐 특정한 의미를 지니는 장소로 고착되는지를 이해하는 데 중요한 단서를 제공한다. 그럼 실제 사례를 통해 장소 정체성이 지니는 정치적 함의를 좀 더 구체적으로 살펴보자.

고구려인들이 강변과 숲속을 중시한 까닭

고구려인들은 건국 초기에 도성 동쪽의 '수혈磁穴·隧穴'이라는 동굴과 그 인근의 압록강 변에서 동맹東盟이라는 제천행사를 거행했다. 왕위 찬탈 모의나 쿠데타 실행 등 중요한 정치회합도 숲속의 사냥터에서 가졌다. 고구려 초기에는 중요한 국가의례나 정치회합이 도성 내부의 왕궁이 아니라 압록강 변이나 숲속의 사냥터 등 자연 공간에서 이루어진 것이다. 종전 연구에서는 공간에 주목하지 않았기 때문에 이러한 현상에 대해서도 별다른 관심을 가지지 않았다.

　그런데 중국 남조의 경우 황제의 폐위뿐 아니라 폐위 모의도 황궁의 조당朝堂에서 이루어져야만 정당성을 부여받았다. 이러한

[그림 5] 집안 통천굴
고구려 국내성이었던 집안 동쪽에 있는 천연동굴로,
수신을 모셨던 국동대혈國東大穴로 비정된다.
ⓒ 여호규

사례와 비교하면, 고구려 건국 초기에 중요한 국가의례나 정치회합이 압록강 변이나 숲속에서 이루어진 사실은 매우 주목할 만하다. 인공 공간인 왕궁보다 천연의 자연 공간이 훨씬 더 중요한 정치적 의미를 지녔을 가능성을 시사하기 때문이다. 그럼 고구려인들은 왜 강변이나 숲속 등 천연의 자연 공간에서 중요한 국가의례나 정치회합을 거행한 것일까?

이와 관련하여 아프리카 피그미족의 사례는 중요한 실마리를 제공한다. [그림 6]에서 보듯이 피그미족은 밀림에서 수렵 채집을 하며 이동 생활을 했는데, 마을은 숲속에 원뿔형 오두막을 부채꼴 모양으로 배열한 야영지로 이루어졌다. 야영지 중에 오두막으로 둘러싸인 중심부는 공적 공간, 그 주변은 친구나 친척과 상호작용을 하기 위한 사적 공간으로 구분된다. 만약 어떤 사람이 자기의 오두막 문 앞에서 말하면 개인 자격으로 이야기하는 것이지만, 야영지의 중심부에 서서 말하면 집단에게 공적으로 이야기하는 것이 된다. 야영지 내부라 하더라도 그 위치에 따라 장소 정체성이 달랐던 것이다.

그런데 야영지라는 인공 공간은 사회질서만 반영할 뿐이었고, 종교적 공간으로는 기능하지 못했다. 수렵 채집 생활을 했던 피그미족은 숲속을 그들의 삶을 지탱해주는 근간으로 인식하며 신성시한 반면, 자신들이 지은 오두막으로 이루어진 야영지를 하찮게 여겼다. 사회적 공간과 종교적 공간을 엄격하게 분리하며, 야영지라는 인공적인 공간은 결코 종교적 의미를 가질 수 없다고 인

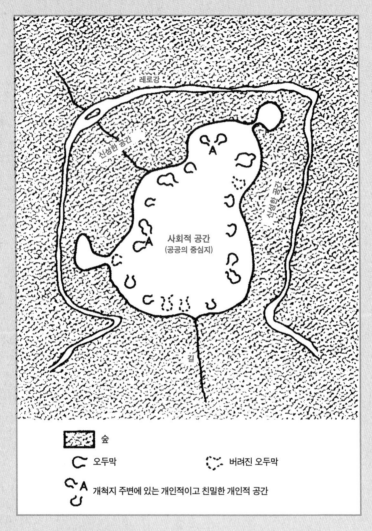

레로강

신성한 공간

신성한 공간

사회적 공간
(공공의 중심지)

길

▨ 숲

⊂ 오두막   ⊂ 버려진 오두막

A 개척지 주변에 있는 개인적이고 친밀한 개인적 공간

[그림 6] 피그미족의 공간 인식
피그미족은 장소에 따라 공간의 성격을 구분했는데,
자신들의 삶을 지탱해주는 숲속을 가장 신성한 종교적 공간으로 인식했다.
* 출처: Yi-Fu Tuan, 윤영호·김미선, 《공간과 장소》, 사이, 2020, 125쪽.

식했던 것이다(Yi-Fu Tuan 1995, 184~187).

　이러한 피그미족의 사례는 구성원의 장소 정체성에 따라 천연의 자연 공간이 인공 공간보다 훨씬 더 중시되고 신성시될 수 있음을 잘 보여준다. 이규보의 〈동명왕편〉에는 고구려의 시조 주몽이 "사냥해서 잡은 흰 사슴[백록白鹿]을 숲속 사냥터의 나무에 매달아 핍박하며 하늘로 하여금 비류국의 왕도를 표몰시킬 비를 내리도록 하는" 장면이 나온다. 이 기사는 자연 공간에 대한 고구려인들의 '장소 정체성'이 어떻게 형성되었는지를 짐작하게 한다.

　고구려는 기본적으로 농경사회이지만, 다른 한편으로 사냥[狩獵]의 전통도 강했다(김영하 1985). 《삼국사기》 신라본기에는 왕들이 사냥하는 기사가 나오지 않지만 고구려본기에는 초기부터 사냥과 관련한 기사가 많이 등장한다. 〈광개토왕릉비〉에도 광개토왕이 거란을 정벌한 다음 사냥을 하면서 도성으로 개선하는 장면이 기술되어 있다. 바보 온달도 무예를 연마한 다음 낙랑 언덕에서 열린 사냥대회에서 두각을 나타내며 평원왕의 눈에 띄기 시작했다.

　고구려인들에게 사냥은 아주 특별한 의미가 있는 행위였다. 이에 따라 고구려인들은 산이나 숲속의 사냥터를 신성시하는 '장소 정체성'을 형성했을 것으로 보인다. 동맹제가 거행되었던 압록강변도 마찬가지이다. 고구려는 기본적으로 농경사회였기 때문에 농사에 필수적인 물을 중시할 수밖에 없었다. 이로 인해 고구려인들은 언제나 강물이 풍부하게 흐르는 압록강을 신성시하는 장소 정체성을 형성했을 것으로 여겨진다(여호규 2013).

고구려 초기에 정치회합이 이루어진 숲속의 사냥터나 동맹제가 거행되었던 압록강 변은 겉보기에는 천연의 자연 공간에 불과하지만, 고구려인들에게는 매우 신성시되던 장소였던 것이다. 이로 인해 고구려인들은 일찍부터 천연의 자연 공간을 신성시하는 장소 정체성을 형성했던 것으로 보인다. 고구려 건국의 주도세력은 바로 이러한 구성원들이 공유하고 있던 전통적인 '장소 정체성'을 활용해 국가권력을 창출하고 정당화했다.

이처럼 한국 고대사회를 구성하던 다양한 장소와 그에 담긴 장소 정체성을 다각도로 분석한다면, 한국 고대사를 더욱 다채롭게 이해할 수 있을 것이다. 특히 국가권력의 창출이나 정치운영 양상을 파악하기 위해서는 각종 정치 행위나 국가의례가 이루어지던 장소와 장소 정체성을 고찰할 필요가 있다(Henri Lefebvre 2011, 100~101). 장소와 장소 정체성은 그동안 주목받지 못했던 많은 사료를 새롭게 읽기 위한 중요한 개념 장치인 것이다.

공간 이해의 확장, 절대 공간과 상대 공간

고대국가의 전개와 더불어 각종 국가의례나 정치 행위가 거행되는 장소는 점차 사원, 종묘, 관청, 왕궁 등 인공 건축물로 변모한다. 정치적 중심지인 도성도 많은 인구가 거주하며 다양한 기능을 수행하는 대도시로 발전한다. 고대 도성이 다양한 사람과 집단으로 구성된 복합적인 공간으로 변모한 것이다. 그런데 장소는 인간의 특정한 행위와 연관된 개념이므로 다양한 사람이나 집단이 공유하는 사회구조나 정치체제를 탐구하기에는 적절치 않다. 이에 지리학에서는 장소보다 더 보편적이고 일반적인 것을 담아내기 위해 '공간'이라는 개념을 사용한다(전종한 외 2012, 30~32).

장소place와 공간space이라는 개념은 '노는 장소'나 '노는 공간'처럼 일상생활에서는 거의 구별하지 않기도 하지만, 지리학에서는 엄격히 구별한다. 두 개념의 차이는 어원을 통해서도 살펴볼 수 있다. 장소의 '장場'은 떠오르는 태양[昜]을 제사지내던 곳[土], '소所'는 도끼[斤]를 든 지위 높은 자가 있던 곳[戸]을 뜻한다. 장소는 '태양에 대한 제사'나 '도끼를 들고 있는 것'과 같은 특정 행위가 이루어지는 곳을 일컫는데, 《표준국어대사전》에서도 "일이 이루어지거나 일어나는 곳"으로 풀이한다.

이에 비해 공간의 '공空'은 끌 따위의 공구로 꿰뚫은[工] 구멍[穴]처럼 비어 있는 것을 뜻하고, '간間'은 달빛[月, 日]이 새어드는 문[門]의 빈틈과 같은 어떤 사물의 사이를 지칭한다. 공간은 두 지점 사이의 텅 비어 있는 곳을 지칭하는데, 《표준국어대사전》에서도 '아무것도 없는 빈 곳'으로 풀이하고 있다. '장소'가 어떤 행위가 이루어지는 한정된 지점(지역)을 지칭한다면, '공간'은 텅 비어 있는 무한한 공간을 뜻한다고 할 수 있다.

이에 따라 지리학에서는 '장소'가 주관적이고 개성적이며 독특한 것을 담고 있는 개념이라면, '공간'은 보다 객관적이고 일반적이며 보편적인 것을 지칭하는 개념으로 사용된다. 특정한 개인이나 집단에게 의미 있는 요소가 아닌 불특정 다수의 모든 사람에게 제공되는 보편적인 요소나 의미를 찾고자 할 때 '공간'이라는 용어를 사용한다. 그러므로 역사 연구에서도 다양한 사람이나 집단이 공유하는 사회구조나 정치체제를 고찰할 때는 '공간' 개념을 사용할 필요가 있다.

'공간'도 위치 개념과 마찬가지로 절대 공간과 상대 공간으로 구분한다(菊地利夫 1995, 23~45). 절대 위치가 지표상에 고정된 특정한 물리적 지점을 지칭하는 것처럼 절대 공간도 좌표 평면처럼 지표상에 균질하게 펼쳐져 있는 고정 불변적인 물리적 공간을 지칭한다. 이러한 절대 공간은 뉴턴 물리학에서 비롯된 개념인데, 인간의 활동과 관계없이 미리 전제된 공간을 지칭한다. 이에 따라 절대 공간은 행위의 주체에서 분리된 독립적인 객체로 상정되는데, 고전 지리학에서 널리 통용되던 개념이다(David Harvey 1994, 295; 野澤秀樹 2010, 213~216).

이러한 절대 공간 개념에서는 공간을 모든 물질과 인간을 수용하는 용기容器에 비유하며, 그 속에 수용된 물질과 인간이 상호 작용할 수 있도록 한다고 이해한다(水岡不二雄 2010, 241~242). 이에 따라 절대 공간 개념은 인간 행위의 전제조건인 물리적 공간을 이해하고, 물리적 공간이 인간에게 어떠한 영향을 미치는지를 분석하는 데 유용하다. 다만 행위의 주체인 인간과 공간을 분리하여 다루기 때문에 양자의 상호작용을 거의 상정하지 않으며, 특히 인간이 공간에 어떠한 영향력을 행사하는지를 거의 다루지 않는다.

이에 비해 상대 위치가 각 개인(집단)이 특정한 물리적 지점과 다양한 관계를 맺으면서 자신만의 세계로 상대화시킨 것을 뜻하는 것처럼, 상대 공간 개념도 공간에 대한 인간의 활동과 참여를 강조한다. 상대 공간 개념에서는 공간을 고정 불변적이고 균질적인 물리적 존재로 보지 않고, 인간 활동에 의해 새롭게 창조되거나 끊임없이 변화한다고 상정한다. 공간을 단순히 자연적으로 주어진 물리적 존재가 아니라 인간 활동과의 관련 속에서 이해하는 것이다.

상대 공간 개념에서 공간을 파악하는 방식은 다시 두 가지로 나눌 수 있다. 첫째는 공간을 인간의 지각을 통해 인식한 대상으로 파악하는 견해이다. 동일한 공간이라 하더라도 그 공간과 관련을 맺는 인간의 지각에 따라 다르게 인식된다는 것이다. 둘째는 공간을 인간의 사회적 활동을 통해 생산된 구조물로 파악하는 견해이다. 공간은 인간 활동에 의해 끊임없이 재생산되는 사회적 생산물이라는 것이다(野澤秀樹 2010, 217~223).

이러한 상대 공간 개념에 입각하면 공간과 인간의 상호작용을 더욱 다채롭게 파악할 수 있다. 또한 공간이 사회적으로 어떻게 생산되는지, 공간 스스로 무슨 일을 하는지도 깊이 탐구할 수 있다(Markus Schroer 2010, 195~204; 하용삼 2013, 79~80). 상대 공간 개념은 공간과 사회구조, 공간과 경제 관계, 공간과 정치체제 등의 관계를 이해할 때 유용하다.

도성 건설의 기준점이 된 국왕의 신체

상대 공간 가운데 '인간에 의해 지각된 공간'이라는 개념은 인류 역사에서 인공적인 공간을 생산하거나 조직하던 초창기 양상을 탐구하는 데 중요한 단서를 제공한다. 모든 인간은 감각기관을 통해 공간을 지각하고 해석한다. 특히 직립해 있을 때 시각을 통해 공간을 획득한다. 인간은 자신의 신체를 기준으로 삼아 주변 공간을 지각하는 것이다. 이에 따라 인간의 신체 활동 방식에 따라 공간에 대한 지각 방식이나 범위도 달라진다.

가령 이동 생활을 하는 수렵민의 공간 지식은 특정 장소에 얽매인 정착 농민보다 훨씬 뛰어나다. 시베리아 수렵민들은 광활한 공간의 지형을 상세히 파악하고 그 기준점을 하늘까지 확장한다. 부리야트족Buritas은 낮에는 태양을 이용하지만 밤에는 북극성을 이용한다. 야쿠트족Yakuts은 망원경 없이 보기 힘든 플레이아데스 Pleiades 성단의 별까지 육안으로 관찰할 수 있다고 한다.

시베리아 수렵민은 이러한 공간 정보를 다른 사람에게 전달하거나 후대에 전수하기 위해 가죽이나 나무에 지도를 그렸다. 추크치족Chukchi은 시베리아의 아라디르 삼각주의 지도를 목판에 순록의 피로 그렸는데, 굽이치는 강줄기와 그 주변의 식생, 수렵지 등을 쉽게 찾을 수 있도록 표시했다고 한다. 수렵민들은 끊임없는 이동을 통해 광활한 공간을 개념화하는 법을 익히고, 이러한 공간 지식을 지도 언어로 표현하는 기법을 발전시킨 것이다.

이에 비해 정착 생활을 하는 농민들은 그들이 살고 있는 세계 바깥의 공간 관계를 제대로 파악하지 못한다. 아니, 그럴 필요성을 느끼지 못한다. 농민들은 일정한 범위의 공간에서 농사지으며 공동체나 집단을 이루어 생활한다. 농민들은 익숙하지 않은 공간에서 방향을 가늠하며 어딘가를 찾아가야 할 일을 거의 겪지 않는다. 수렵민과 달리 농민은 광활한 공간을 구조화하거나 이를 지도로 그릴 필요성을 전혀 느끼지 못하며 살아가는 것이다(Yi-Fu Tuan 1995, 128~133).

이처럼 인간의 신체 활동 방식 특히 생산양식에 따라 공간을 지각하는 양상은 전혀 다르게 나타난다. 특히 인간은 특정한 지점에서 공간을 바라볼 때, 직립한 상태의 자신을 기준으로 주변 공간을 지각한다. 인간은 자신의 신체를 기준으로 삼아 주변 공간이 전·후, 좌·우, 상·하 등 대칭적으로 구성되었다고 인식하는 것이다(Yi-Fu Tuan 1995, 63~71; Edward Relph 2005, 42~47).

'육합六合'이라는 단어는 이를 잘 보여준다. '육합'은 인간의 신체를 기준으로 사방과 아래·위 등을 구분한 표현인데, 이를 확장해 천하와 우주 전체를 지칭하는 뜻으로도 사용한다. 모든 인간은 자신의 신체를 객관적 기준점으로 삼아 주변 공간뿐 아니라 지구와 우주라는 광활한 공간을 지각하는 것이다. 이러한 인간의 공간 지각 과정을 참조하면, 고구려와 백제 도성의 행정 구역인 5부를 새롭게 이해할 수 있다.

《삼국사기》에는 고구려나 백제 도성의 5부명이 주로 중부, 동부, 남부, 서부, 북부 등 방위부方位部로 나와 방위 관념에 근거하여 행정 구역을 설정한 것처럼 보인다. 그렇지만 금석문이나 《일본서기》에는 중부中部, 전부前部, 후부後部, 좌부左部(상부上部), 우부右部(하부下部) 등 위치부位置部로 나온다. 고구려와 백제 도성의 5부는 본래 방위가 아니라 특정 지점을 기준으로 전·후, 좌·우로 설정했는데, 이는 인간이 자신의 신체를 기준으로 주변 공간을 지각하는 양상과 유사하다.

고구려 국내성지(여호규 2012)나 백제 풍납토성(신희권 2010)에서 왕궁은 도성의 중앙부에 위치한 것으로 짐작된다. 고구려나 백제 도성의 5부[위치부]는 도성 중앙의 왕궁 특히 그곳에 거주하는 국왕의 신체를 기준으로 창출되었다고 생각된다. 고구려나 백제 도성의 행정 구역인 5부명이 인간이 자신의 신체를 기준으로 주변 공간을 지각하는 방식에서 유래한 것인데, 이는 '국왕'의 신체가 국가권력의 담지자라는 고대적 왕자관王者觀과 연관되어 있다.

그런데 신체를 기준으로 했을 때 전방은 잘 보이지만, 후방은 볼 수 없다. 같은 규모의 공간이라도 직접 지각할 수 있는 전방이 후방보다 훨씬 밝고 생생하고 크다고 인식한다. 시간적인 측면에서도 전방은 주로 미래, 후방은 과거로 간주한다. 이에 따라 전방은 존엄함을 의미했다. 전통 시대의 왕들은 전방인 남쪽을 바라보고(남면南面) 태양광선을 가득 받으며 위엄을 과시했다. 반면 신료들은 태양을 등지고 왕을 바라보며(북면北面) 충성을 맹세했다(Yi-Fu Tuan 1995, 71~73). 그래서 왕궁도 처음에는 도성의 중앙에 위치하

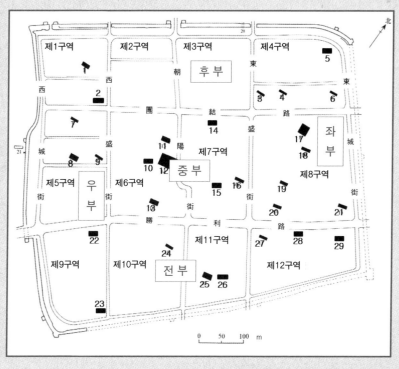

[그림 7] 고구려 국내성지 평면도
도성의 정중앙에 왕궁이 있고, 이곳에 거처하는 국왕의 신체를 기준으로
중부, 좌부, 우부, 전부, 후부 등 5부를 설정했다.
* 출처: 여호규, 〈고구려 國內城 지역의 건물유적과 都城의 공간구조〉,
《한국고대사연구》 66, 2012, 71쪽.

다가, 점점 도성 전체를 바라볼 수 있는 후방으로 옮겨져 북쪽의 정중앙에서 남쪽을 바라보는 좌북조남坐北朝南 구조가 완성된다.

'인간에 의해 지각된 공간'이라는 개념을 통해 고대 도성의 공간구조를 새롭게 이해할 수 있는 것이다. 특히 이 개념은 국왕과 그의 거처인 왕궁을 중심으로 도성의 공간이 어떻게 조직되고 어떻게 변모했는지를 이해하는 데 중요한 실마리를 제공한다. 현대인의 관점이 아니라 고대인의 시선을 통해 그들이 구성한 공간과 그 속에서 펼쳐진 역사를 이해할 필요가 있는 것이다.

물론 현전하는 사료가 주로 국왕의 관점에서 기술되었기 때문에 귀족이나 관인, 특히 일반인이 공간을 어떻게 지각했는지 알기는 쉽지 않다. 다만 그들의 신분이나 정치적 지위가 달랐던 만큼 공간을 지각하는 시선도 상이했을 것으로 짐작된다. '인간에 의해 지각된 공간'이라는 개념에 입각해 각 공간을 면밀하게 관찰하면, 같은 공간 속에서 교차하던 고대인들의 다양한 정치의식과 사회의식도 새롭게 이해할 수 있을 것이다.

공간 연구의 핵심 개념, 사회적 생산 공간

고대국가의 전개와 더불어 각종 국가의례나 정치 행위가 거행되는 장소는 점차 사원, 관청, 왕궁 등 인공 건축물로 변모하고, 정치적 중심지인 도성도 다양한 기반 시설을 갖추고 복합적인 기능을 수행하는 대도시로 발전한다. 인간이 활동하는 거의 모든 장소가 인위적으로 건설된 인공 공간으로 탈바꿈한 것이다. 이제 공간이 더는 자연적으로 주어진 상태 그대로 존재하지 않고, 인간의 활동에 의해 끊임없이 재생산되는 사회적 생산물로 변모한 것이다.

'사회적 생산 공간'이라는 개념은 공간의 이러한 측면에 주목해 제기된 것인데, 공간과 사회의 상호작용을 탐구하는 데 중요한 단서를 제공한다. 이 개념에 따르면 우리가 활동하고 접하는 공간은 "특정한 사회체제 또는 그 사회 내의 정치나 권력 관계에 의해 생산된 것"으로 파악된다. 인간은 태어나는 순간부터 자연적으로 주어진 공간을 접하는 것이 아니라, 헤게모니를 쥐고 있는 누군가에 의해 생산되고 만들어진 공간 속에서 삶을 영위해간다는 것이다(전종한 외 2012, 37~38).

공간을 '사회적 생산 공간'이라는 관점에서 바라보면, 공간의 생산 과정에 정치체제나 사회구조가 어떻게 영향을 미치고 또 투영되는지 파악할 수 있다. 또 이렇게 생산된 공간 속에서 이루어지는 공간적 관계나 형태가 정치제도 운영이나 사회집단의 삶에 어떠한 영향을 주는지도 탐구할 수 있다(Markus Schroer 2010, 70~72).

이러한 '사회적 생산 공간'이라는 개념은 현재 한국 사회가 직면한 부동산 문제의 본질을 이해하는 데도 매우 중요한 시사를 준다. 앙리 르페브르Henri Lefebvre에 따르면 공업화 시대 초기에는 자본이 주로 상품 생산을 통해 가치 증식을 했지만, 도시화 시대에는 공간 그 자체가 생산되고 교환되면서 상품 생산에 의해 이루어졌던 자본 순환을 대신한다고 한다. 공간의 생산이 종전의 공업자본 생산을 대신하여 자본축적의 새로운 기반을 형성한다는 것이다.

공간이 자본주의적 방식에 의해 생산됨에 따라 '부동산'이어야 할 공간은 '동산화動産化'되고, 상품으로서 소비와 생산의 대상이 된다. 공간이 교환가치가 지배하는 '상품'으로 변모한 것이다. 오늘날 우리나라 아파트가 '거주하는 집'이 아니라 '교환가치를 통한 자산 증식의 수단'이 된 것처럼 말이다. 이에 따라 집을 비롯해 상가, 공장, 사회 기반 시설 등 각종 공간은 자본축적의 수단으로 변모한다. 전 세계가 교환가치가 지배하는 공간으로 탈바꿈한 것이다.

이처럼 교환가치의 생산이 보편화된 세계를 르페브르는 '추상 공간'이라고 개념화했다. 그에 따르면 추상 공간은 마을과 도시 등 종전의 역사적 공간을 모두 포괄하면서도 이들을 해체하여 스스로가 이들을 대체한다고 한다. 이와 함께 지배적인 공간 곧 자본과 권력의 중심 공간이 피지배 공간, 곧 주변 공간을 만들기 위해 끊임없이 경주한다고 한다. 추상 공간이 공간의 불평등성을 심화시켜 '권력의 공간'을 창출한다는 것이다(Henri Lefebvre 2011, 100~107).

이처럼 '사회적 생산 공간' 개념은 말 그대로 공간을 사회적인 생산물로 인식한다. 이 개념을 통해 역사 속의 다양한 공간을 면밀하게 분석하면, 공간의 생산을 뒷받침한 정치체제, 사회구조, 경제 관계 등을 새롭게 탐구할 수 있을 것이다. '사회적 생산 공간' 개념을 통해 공간 속에 켜켜이 쌓여 있을 지난날의 역사를 더 입체적이고 구조적으로 규명할 수 있는 것이다. 이런 점에서 '사회적 생산 공간'은 향후 역사학에서 관심을 가져야 할 아주 중요한 개념이다(여호규 2014b).

03

고대인들이 바둑판 모양 계획도시를 건설했다고

고대 도성이 조선의 한양보다 더 계획도시였다

특정 시기나 국가를 대표하는 사회적 생산 공간으로는 도성이나 수도를 들 수 있다. 도성이나 수도에는 많은 사람이 모여 살았고, 그들의 정치 지위나 사회 신분이 달랐기 때문에 '개별 인간에 의해 지각된 공간'도 각양각색이었을 것이다. 도성이나 수도는 지리학에서 이야기하는 '상대 공간'의 다양한 면모가 교차하고 중첩된 곳이다.

한국 고대 도성은 후대 도성인 고려의 개경이나 조선의 한양과 뚜렷이 구별되는 몇 가지 특징을 지니고 있다. 가령 고대 도성은 국가의 영역 확장이나 인구 증가에 따라 그 규모가 확대되며 끊임없이 변모했다. 이에 비해 개경이나 한양은 도성을 감싼 성벽만

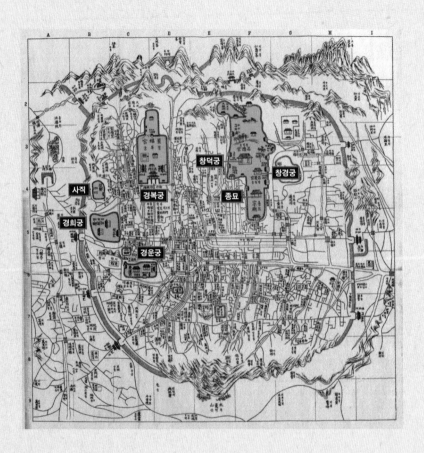

[그림 8] 조선 한양과 신라 도성의 도로망

조선 한양의 도로는 구불구불하지만, 신라 도성의 도로는 바둑판처럼 네모반듯하다.

* 출처: 〈한성부지도〉, Gale, James Scarth, "HAN-Yang", *Transaction*, 1902;
〈경주측량도〉(1917, 大正 6), 국토지리정보원 소장.

놓고 보면 그 규모가 초기 이래 거의 바뀌지 않았다. 또 고려나 조선은 도읍을 옮기지 않은 반면, 신라를 제외하면 고구려나 백제는 여러 차례 도성을 옮기는 천도를 단행했다.

도성의 내부 공간을 들여다보면 더욱 명확한 차이를 발견할 수 있다. 개경과 한양의 내부 공간은 대단히 불규칙한 양상을 띤다. 도성을 감싼 성곽이 산과 구릉의 지세를 따라 구불구불하게 축조되었을 뿐 아니라, 도성 내부의 주요 도로도 하천이나 개울을 따라 완만한 곡선을 그리며 개설되어 있다. 이로 인해 도성 내부의 행정 구역이나 거주 구역도 하천이나 그 주변의 평지를 따라 들쭉날쭉한 모양을 이룬다.

삼국 후기 도성인 고구려의 평양성이나 백제의 사비도성도 성곽은 지세를 따라 구불구불하게 축조되어 있다. 더욱이 신라 도성에는 성곽을 축조하지도 않았다. 그런데 도성의 내부 공간을 보면 개경이나 한양과는 전혀 다른 모습이 발견된다. 직선 도로를 개설하여 네모반듯한 바둑판 모양(격자형)의 가로구획을 조성한 것이다. 이에 따라 도성의 주요 공공건물이나 거주 공간도 격자형 가로구획을 따라 질서정연하게 자리 잡게 되었다.

고대의 도성이 고려의 개경이나 조선의 한양보다도 오늘날의 계획도시에 훨씬 더 가까웠던 것이다. 고대 도성이 바둑판 모양의 계획도시로 조영된 양상은 지금도 여러 자료를 통해 쉽게 확인할 수 있다. 20세기 전반에 제작된 평양과 경주의 지적도나 각종 지형도에는 이러한 격자형 도로망이 고스란히 담겨 있다[그림 8]과 [그림 9]). 현재 경주 시내에 남아 있는 조선 시대의 읍성도 신라 도성의 격자형 도로망을 따라 쌓은 것이다.

지금 이 책을 읽고 계신 분들이 'Google Earth'나 'NAVER' 지도에 접속하여 경주나 평양 일대의 위성사진을 보면 고구려나 신라 도성의 격자형 도로망을 쉽게 만날 수 있다. 경주의 경우 시가지뿐 아니라 선덕여왕릉이 위치한 낭산 주변의 논도 네모반듯한 것을 볼 수 있을 텐데, 신라 시기 격자형 도로망의 흔적이다. 평양의 경우 평양역 서쪽 일대에서 동서와 남북 방향으로 직교하는 도로망을 볼 수 있을 텐데, 고구려 시기의 도로망을 바탕으로 조영한 도로이다.

이 이야기를 처음 듣는 분들은 다소 의아하게 생각할 것이다. 고대인들이 고려나 조선 시기보다 더 계획적인 도성을 건설했다고? 그런데 조선 시기 사람들도 고대인들이 남겨놓은 계획도시의 실체를 제대로 몰랐던 것 같다. 좀 더 정확하게 말하면 이들은 자신들만의 시선으로 고대인들이 건설한 계획도시의 흔적을 바라보았다.

평양에 기자의 정전井田이 있었다고?

다음은 조선 중기에 활동했던 한백겸(1552~1615)의 《구암유고久菴遺稿》에 실린 글의 일부이다. 한백겸은 《동국지리지》를 저술하여 조선 후기 역사지리 연구의 토대를 놓은 인물로, 조선 시대를 대표하는 역사지리학자이다.

[그림 9] 고구려 평양성의 가로구획

〈평양전투도〉(1894). 고구려 평양성 외성의 격자형 가로구획은

19세기 말까지도 선명하게 잘 남아 있었다.

* 출처: 서울학연구소 평양학연구센터, 《평양의 옛지도》, 2022, 105쪽.

1607년(선조 40) 가을에 동생인 유천공이 평안도 관찰사가 되어서 내가 부모님을 모시고 평양에 갔다. 처음으로 기자箕子 정전제井田制의 남은 터를 보았는데, 밭 사이의 길(두둑)이 모두 남아 있어 아주 정연했다. …… 그 가운데 함구문과 정양문 사이의 구획이 가장 분명했다. 모두 '전田' 자 형태이고, 한 개의 전田은 네 개의 구區로 이루어졌는데, 각 구區의 규모는 70무畝이다(기전유제설箕田遺制說).

한백겸이 보았다는 정전제의 터는 함구문과 정양문 사이에 잘 남아 있었다고 하는데, 이 두 문은 고구려 평양성의 외성에서 중성으로 들어가는 문이다. 조선 시기 역사지리학의 대가였던 한백겸이 고구려 평양성의 외성에 남아 있던 격자형 가로구획을 기자 정전제의 흔적이라 여겼던 것이다(그림 10).

주지하듯이 정전제는 중국 상고의 은殷·주周 시기에 시행했다는 토지제도이다. 경작지를 '우물 정井' 자 모양으로 9개 소구획으로 분할한 다음, 8개 소구획은 각 농가에 나누어주어 농사짓게 하고, 중앙의 1개 소구획은 여덟 농가가 공동으로 농사지어 공공 비용이나 세금을 마련했다. 토지를 격자형으로 분할한 제도인데, 고구려 평양성의 격자형 가로구획이 이와 유사했던 것이다. 한백겸은 이를 기자 정전제의 흔적이라 여겼다.

한백겸뿐 아니라 조선 시기의 다른 유학자들도 이렇게 생각했다. 조선 초기에 편찬된《고려사》에는 "평양에 성곽이 2개 있는데

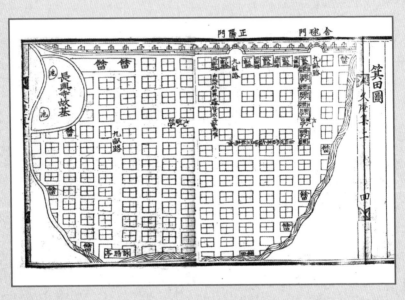

[그림 10] 〈기전도〉

한백겸, 《구암유고久菴遺稿》(1640). 한백겸 등 조선의 유학자들은
고구려 평양성의 격자형 가로구획을 기자가 시행한 정전井田으로 인식했다.

* 소장처: 국립중앙도서관.

그중 하나는 기자가 축조한 것으로 성 내부를 구획하여 정전제를 시행했다"고 나온다. 권근(1352~1409)도 '기자의 정전'으로 보는 시를 남겼고, 조선의 많은 시인 묵객이 평양을 유람한 다음 '기자의 정전'과 관련한 글을 남겼다. 1488년(성종 19)에 조선에 왔던 명나라 사신 동월董越도 평양성 문루에 올라 기자의 정전을 보았다는 시를 남겼다. 조선 시기의 거의 모든 유학자, 심지어 명나라 사신까지 고구려 시기의 격자형 가로구획을 기자 정전제의 흔적으로 여긴 것이다.

조선은 이른바 '기자 정전제의 흔적'을 보존하기 위해 다양한 노력을 기울였다. 1585년(선조 18)에 평양 서윤庶尹이었던 김민선은 가로구획의 경계가 옛 모습을 잃자 이를 수리했다(《평양지》). 1691년(숙종 17)에는 '기자 정전의 흔적'을 영구히 보존하기 위해 가로구획의 교차점에 세웠던 나무 표시판[木標]을 돌 표시판[石標 (法樹)]으로 교체했는데(《평양속지》), 20세기 초까지도 상당수 남아 있었다. 정조나 순조 시기에는 이곳에 들어가 경작하는 것을 엄격하게 금지하기도 했다.

이세택이라는 인물은 영조에게 "정전법은 천하에서 거의 없어지고, 오직 우리나라 평양에만 남아 있으나 지금 거의 없어지려 합니다. 이제 적전籍田을 평양 정전井田의 유제를 모방해서 한다면 기자의 법이 다른 나라에서는 없어져도 우리나라에서는 행하여질 것입니다"라고 아뢰었다. 오늘날의 문투로 바꾸면, 기자 정전제의 흔적이 조선에만 남아 있는 '유네스코 세계문화유산'이라는 것이다.

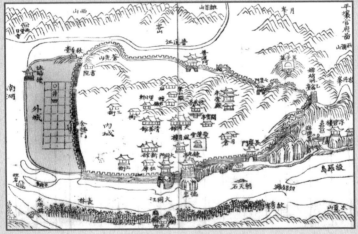

[그림 11] 〈기성도병〉과 〈평양관부도〉

〈기성도병箕城圖屛〉은 8첩 병풍에 평양성과 대동강의 전경 및
평양감사의 대동강에서의 선유船遊 광경을 가로로 길게 담은 그림이다.
외성外城의 모습이 그려져 있는 제7~8첩(왼쪽)에서 평양의 기자 정전제 흔적을 확인할 수 있다.
〈평양관부도〉는 최초의 평양읍지《평양지》에 실린 평양 중심지의 지도로
〈기성도병〉과 마찬가지로 평양의 기자 정전제 모습을 담고 있다.
조선은 이 같은 평양의 기자 정전제 흔적을 보존하기 위해 다양한 노력을 기울였다.
* 소장처: 서울역사박물관; 윤두수 편, 《평양지》(1590) 1책,
19~20쪽. 서울대학교 규장각한국학연구원.

그럼 조선 시기 사람들은 왜 고구려 시기의 격자형 가로구획을 기자 정전제의 흔적으로 인식하고, 국제적 문화유산이라 자부했던 것일까? 기자는 은·주 교체기에 활동했던 실존 인물이다. 은나라 멸망을 전후해 기자가 동쪽으로 와서 주 무왕에 의해 조선후朝鮮侯에 봉해졌다는 '기자 동래설箕子東來說'이 전하고 있지만, 기자가 실제로 동방 지역으로 왔다고 보기는 힘들다. 기자 동래설은 한 무제 시기에 고조선 정벌을 추진하기 위해 꾸며낸 이야기이다.

다만 고조선 멸망 이후, 기자 동래설이 널리 퍼짐에 따라 기자는 중원 문화를 동방 지역에 보급하여 백성을 교화시킨 인물로 받들어지게 되었다. 그 뒤 고려와 조선 시기에 유학이 널리 보급되고 지배 이념으로 자리 잡으면서 기자는 동방에 유교를 보급한 성인으로 추앙받게 된다. 특히 명이 멸망한 이후 조선의 유학자들은 조선만이 유교 문화의 정통을 고수하고 있다고 자부했는데, 이른바 '기자 정전제의 흔적'은 이를 뒷받침하는 중요한 논거로 내세워졌다.

조선 시기 사람들이 '유학자의 시선'으로 고구려 시기 격자형 가로구획을 바라본 것이다. 이에 조선 사람들은 '기자 정전제의 흔적'을 유교적 지배체제를 강화하는 데 활용했다. 조선 초기부터 평양성 외성의 가로구획 일대에 '기자의 궁궐이나 우물' 등을 설정했는데, 평양 유람객의 필수 코스가 되었다. 1576년에는 평안감사 정종영 등이 기자를 모시는 서원을 건립했는데, 인현서원仁賢書院이라는 사액을 받고 왕명으로 그린 기자의 초상화까지 모셨다.

조선 시기 유학자들이 '유교적 시선'으로 고구려 시기의 격자형 가로구획을 '기자 정전제의 흔적'으로 지각하고, 이에 입각한 지배 이념과 정치체제를 동원해 '기자의 궁궐과 우물 터', '기자를 모시는 서원' 등 다양한 사회적 공간을 생산한 것이다.[*] 이처럼 조선 시기 유학자들의 '기자 정전제설'은 어떻게 인간의 시선에 의해 기존 공간이 전혀 다르게 지각될 수 있는지, 또 어떻게 지배 이데올로기나 정치체제를 동원해 새로운 사회적 공간을 생산하는지를 잘 보여준다.

유학자들의 이러한 시선과 믿음에 처음 의문을 제기한 인물은 다산 정약용이다. 정약용은 한백겸이 그린 〈기자정전도〉를 본 다음, 경작지의 형태가 '정井' 자가 아니라 '전田' 자 모양이라며 의문을 제기했다. 그러면서 전라도 남원의 '정전井田'은 백제 멸망 이후 당의 장수 유인궤가 시행한 둔전屯田으로 전한다면서,[**] 평양의 '정전'도 고구려를 멸망시킨 당의 장수 이적이 시행한 둔전일 것이라 추정했다(〈기자정전도箕子井田圖〉 발문).

* 조선 시기 사람은 경주에 남아 있던 격자형 가로구획도 '신라 시기에 시행했던 정전제의 흔적'으로 생각했다(《신증동국여지승람》 권21, 경상도 경주부 고적조).
** 정약용은 별다른 전거를 밝히지 않았지만, 《신증동국여지승람》 권39 전라도 남원도호부 고적조에는 "당의 유인궤가 도독 겸 자사로 부임하여 읍내에 정전법井田法을 써서 9개 구역으로 구획하였는데 지금도 그 터가 남아 있다"고 나온다. 정약용도 이 기록을 보았을 것으로 추정된다. 5장에서 서술하는 것처럼 남원에는 통일신라 시기 5소경의 하나인 '남원경'이 두어졌는데, '정전제의 터'라는 것은 이때 조영한 격자형 가로구획을 일컫는다.

정약용은 당시 유학자들이 기자의 정전井田이라고 본 것은 옛 것을 너무 좋아한 탓일 뿐이라고 생각했다. 정약용은 유학자들의 시선에 함몰되지 않고, 객관적인 시선으로 바둑판 모양(격자형) 가로구획의 흔적을 바라보려 했다. 이런 점에서 정약용은 실학을 집대성한 대학자답게 매우 객관적이고도 날카로운 시선을 지녔다고 할 수 있다.

이처럼 정약용이 유학자들의 인식에 의문을 제기했지만, 격자형 가로구획의 실체를 정확하게 규명한 것은 아니었다. 그 실체는 20세기 초에 근대 측량기술에 의해 각종 지도가 제작되고, 이에 바탕을 둔 연구가 이루어지면서 비로소 밝혀졌다. 특히 해방 이후 본격적인 고고 조사로 격자형 가로구획의 조영 원리를 구체적으로 파악할 수 있게 되었다.

도성을 계획도시로 조영하기까지

삼국의 도성이 처음부터 격자형 가로구획으로 조영되었던 것은 아니다. 삼국의 도성도 사회적 생산 공간이기 때문에 건국 이후 각 시기의 사회체제나 정치체제를 바탕으로 여러 차례 변모했다. 전반적인 추세는 영역 확장과 인구 증가에 따라 도성의 규모가 확장하는 양상을 띠었는데, 격자형 가로구획은 6세기 이후 비로소 등장했다.

가령 고구려는 졸본卒本에서 건국했다고 전하는데, 압록강 지류인 혼강 유역의 환인 분지로 비정된다. 고구려는 건국 직후부터 평상시 거점과 비상시 군사방어성으로 이루어진 도성체계를 갖추었다. 환인 분지에 우뚝 솟은 오녀산성이 골령顧嶺으로 전하는 비상시 군사방어성이라면, 평상시 거점은 그 동쪽의 혼강 가의 평지에 자리했던 것으로 보인다.

오녀산성은 해발 800미터가 넘는 높은 산이지만, 정상부에는 평탄한 개활지와 샘까지 갖춘 천혜의 요새지이다. 반면 평상시의 거점으로 비정되는 오녀산성 동쪽의 혼강 가에서는 아직 성곽 유적이 발견된 적이 없다. 이곳은 사방이 험준한 산으로 둘러싸여 있는데, 이러한 험준한 산줄기를 천연 성벽으로 삼아 평상시 거점을 조영했던 것으로 보인다. 고구려 건국 직후만 하더라도 평상시 거점에는 성곽을 축조하지 않았을 가능성이 큰 것이다.

고구려는 서기 1세기 중후반에 국내 지역으로 도읍을 옮겼는데, 압록강 변에 자리한 집안 분지이다. 이곳에서도 비상시 군사방어성은 집안 산성자산성으로 조사되었지만, 평상시 거점은 3세기 후반까지도 명확하게 확인되지 않고 있다. 필자는 집안 분지 서쪽에 자리한 마선구 골짜기의 자연지형이 오녀산성 동쪽의 혼강 가와 비슷한 점에 주목해 이곳에 국내 천도 초창기의 평상시 거점이 있었을 것으로 생각한다. 고구려가 국내 천도 이후에도 상당 기간 마선구 일대의 자연지형을 활용해 평상시 거점을 조영했을 가능성이 큰 것이다.

고구려는 4세기 전반에 비로소 평지성인 국내성을 축조했다. 현재 남아 있는 국내성지는 네모꼴로 전체 둘레는 2,686미터이다 ((그림 7)). 둘레가 16킬로미터에 이르는 후기 평양성에 비하면 상당히 작은 규모이다. 국내성지 내부는 성문을 연결하는 도로망에 의해 12개 구역으로 나뉜다. 중앙의 2개 구역에 왕궁이 자리하고, 그 주변 구역에 관아나 사찰, 귀족의 저택 등이 조영된 것으로 보인다. 다만 전체 둘레가 3킬로미터도 되지 않았기 때문에 많은 인구를 수용하기에는 비좁은 편이다. 국내성지는 왕궁을 중심으로 조영된 소규모 왕성에 해당하는 것이다(여호규 2012).

고구려는 427년에 평양으로 천도했다. 처음에는 평양 시가지 동북쪽의 대성산성 일대를 도성으로 삼았다. 그 뒤 552년부터 현재의 평양 시가지에 새로운 도성을 건설하기 시작해 586년에 도읍을 옮겼다. 고구려의 평양성은 427~586년까지 도읍으로 삼았던 전기 평양성과 586년 이후의 후기 평양성으로 나뉘는 것이다. 북한 학자들은 전기 평양성에서 이미 격자형 가로구획을 시행했다고 보기도 하지만, 그렇게 보기는 어렵다.

전기 평양성의 비상시 군사방어성은 대성산성이 명확하지만, 평상시 거점성은 청암리토성인지 안학궁지인지 논란이 분분하다. 전기 평양성의 도성 구조가 아직 명확하게 밝혀지지 않았는데, 대체로 초기의 소규모 왕성이 후기의 대도성으로 전환하던 과도기에 해당한다고 생각된다. 후기 평양성은 복곽식 성곽으로 외곽 둘레만 16킬로미터에 이른다. 이러한 대규모 도성에 많은 인구를 수용하면서 내부 공간을 격자형 가로구획으로 조영했던 것이다.

한편, 백제는 위례성慰禮城에서 건국했다고 전하는데, 서울 송파구 일대의 풍납토성과 몽촌토성으로 비정된다. 한강 변의 평지에 자리한 풍납토성에서는 3겹의 환호環濠가 발견되었는데, 마한 백제국의 국읍 유적으로 추정된다. 마한 백제국이 백제로 발돋움하던 3세기 후반~4세기 전반에 기존의 환호를 폐기하고 현재의 풍납토성을 조영했다.

풍납토성은 마한 백제국 이래의 정치적 중심지로 한성 시기의 평상시 거점성에 해당한다. 풍납토성의 평면 형태는 타원형으로 둘레는 고구려 국내성지보다 조금 큰 3.5킬로미터이다. 풍납토성에서도 성문을 연결하는 여러 개의 도로가 확인되고, 왕궁은 중앙에 자리했을 것으로 짐작된다. 풍납토성도 왕궁을 중심으로 조영된 소규모 왕성이라 할 수 있다.

몽촌토성은 표고 45미터 전후의 구릉에 위치했다. 둘레는 2.3킬로미터로 풍납토성보다 작다. 몽촌토성은 고구려와의 각축전이 격화되던 4세기 후반 근초고왕 시기에 조영되었다. 구릉성으로서 군사방어성의 성격이 강했는데, 대외적 긴장이 높아질 때는 임시 왕성으로 삼기도 했다. 이처럼 한성 시기 백제의 도성은 풍납토성과 몽촌토성으로 이루어져 있었는데, 양자 모두 둘레 15킬로미터를 상회하는 사비도성에 비하면 상당히 작은 규모였다.

475년에 한성(위례성)이 함락된 다음, 백제는 웅진 곧 공주로 천도했다. 웅진도성은 지금의 공주 시가지와 그 북쪽의 공산성으로 이루어졌다. 왕궁의 위치를 둘러싸고 공주 시가지설과 공산성설이 대립하고 있는데, 필자는 양쪽에 모두 왕궁을 조영해 상황에 따라 운영했다고 생각한다(여호규 2017b). 관아, 사찰, 시장, 거주 구역 등은 공주 시가지의 평지와 구릉을 따라 조영했을 텐데, 시가지를 관통하는 제민천 주변의 범람지를 제외하면 가용 면적이 넓지 않다. 또한 시가지를 둘러싼 산줄기를 천연 방어벽으로 삼고 사비도성과 같은 나성을 축조하지는 않았다. 웅진도성도 고구려의 전기 평양성처럼 초기 왕성이 후기의 대도성으로 전환하던 과도기적 면모가 강했던 것이다.

백제는 538년에 다시 사비로 도읍을 옮겼다. 사비도성은 북쪽의 부소산성과 그 남쪽으로 펼쳐진 시가 구역으로 이루어져 있었는데, 전체 둘레가 15킬로미터를 상회한다. 금강 변 이외 지역에 나성을 축조해 도성 전체를 감쌌고, 내부에는 격자형 가로구획을 조영했다. 백제도 사비도성에 이르러 도성 내부를 격자형 가로구획으로 조영했던 것이다.

신라 상고기의 도성은 금성으로 전하는데, 위치를 둘러싸고 논란이 분분하다. 문헌 사료를 종합하면 월성 서북쪽 일대에 자리한 것으로 짐작되지만, 유적이 발견되지 않아 정확한 위치를 알기는 힘들다. 필자는 월성 서북쪽의 대릉원 남쪽 어딘가에 있지 않았을까 생각하고 있다(여호규 2021). 여러 사료를 종합하면 금성에는 왕궁, 남당, 창고, 거주 구역 등이 조성된 것으로 짐작되는데, 대체로 그 규모는 국내성지나 풍납토성과 비슷하거나 조금

작았다고 생각된다. 신라 상고기의 도성인 금성도 소규모 왕성에 해당했던 것이다.

이때 구릉에 위치한 월성도 사용했지만, 대체로 몽촌토성처럼 군사방어성의 기능을 수행했다. 월성이 궁성으로 사용된 것은 488년(소지왕 10)부터이다. 그리고 6세기 중반을 전후하여 월성-대릉원-황룡사지 일대에 격자형 가로구획으로 이루어진 시가 구역을 조영하기 시작했는데, 이로 인해 종전의 금성은 시가 구역의 일부로 편입되기 시작했다. 이로써 궁성과 시가 구역이 공간적으로 분리되며 신라 도성이 점차 대도성의 면모를 띠기 시작했다.

이상과 같이 삼국의 도성은 초창기에는 소규모 왕성으로 조영되었다가, 5세기 이후 점차 규모가 확대되었다(여호규 2015a). 6세기 중반을 전후해 삼국 모두 도성 내부에 바둑판 모양의 시가지를 조영하고, 많은 인구를 수용하기 시작했다. 삼국 도성의 바둑판 모양 시가지는 각국의 영토가 크게 확장되고 인구가 늘어난 후기에 비로소 조영되었던 것이다. 이런 점에서 삼국 도성의 바둑판 모양 시가지는 영토 확장과 인구 증가를 배경으로 건설된 사회적 생산 공간이라 할 수 있다(여호규 2015b).

바둑판 모양 시가지의 건설 방식

고구려 후기의 평양성 외성에는 바둑판 모양의 시가지, 곧 격자형 가로구획이 뚜렷이 남아 있었다. 한백겸이 이를 기자 정전제의 흔적이라고 잘못 보았지만, 그가 남겨놓은 기록과 그림은 격자형 가로구획의 조영 원리를 밝히는 데 중요한 역할을 했다. 한백겸은 각 구획이 '전田' 자 모양을 이룬다고 보았는데, 실제 대구획을 '전田' 자 모양의 4개 소구획으로 분할한 사실이 확인되었다. 또한 각 구획 사이의 길은 1무로, 3무로, 9무로 등 세 종류가 있다고 했는데, 고고 조사 결과 소로(폭 1.4미터), 중로(4.2미터), 대로(14미터) 등 세 종류의 도로가 확인되었다(최희림 1978).

가로구획의 규모에 대해서는 연구자마다 조금씩 견해가 다르다. 북한 학계에서는 외성의 동쪽 구간은 동서 120미터 남북 84미터인 장방형, 서쪽 지역은 한 변 84미터인 정방형으로 조성했다고 보았다(한인호·리호 1993). 이에 대해 최근 기경량 교수는 각 소구획은 너비 88.5미터(250고구려척)인 정방형으로 이루어졌는데, 이는 한 변 500고구려척(177.1미터)인 정방형 대구획을 4분할한 것이라고 보았다(기경량 2017). 한백겸의 지적처럼 대구획을 '전' 자 모양으로 4개 소구획으로 분할했다는 것이다(김희선 2010).

신라 도성의 가로구획은 경주 분지 거의 전역에 남아 있다. 동서로는 서천에서 명활산에 이르는 5.5킬로미터 구간, 남북으로는 포석정에서 황성동에 이루는 6.5킬로미터 구간에서 확인된다. 현재의 경주 시가지보다 훨씬 넓은 범위에 격자형 가로구획을 건설한 것이다. 신라 도성의 시가 구역이 상당히 많은 인구를 수용할 수 있을 정도로 넓었는데, 통일신라 시기에는 최소한 10만 명 이상이 거주하는 대도시를 이루었을 것으로 짐작된다.

격자형 가로구획의 규모에 대해 다양한 견해가 있지만, 황룡사지 일대의 경우 동서 길이 160~165미터, 남북 너비 140~145미터인 장방형으로 밝혀졌다(우성훈 1996; 신창수 2002). 다만 고고 조사를 통해 가로구획의 규모가 지역별로 다르다는 사실이 밝혀졌다. 동서 길이는 동일하지만, 남북 너비는 황룡사 일대는 140미터 전후이고, 북천 북쪽은 120미터 전후로 좁아진다.

이는 남북 방향의 기존 도로를 연장하는 방식으로 시가 구역을 확장한 결과로 보인다. 시가 구역을 남북 방향으로 확장했기 때문에 두 도로 사이의 동서 길이는 일정하게 유지했지만, 남북 너비는 상황에 따라 조금씩 줄여가며 조영했던 것이다. 이로 보아 신라 도성의 격자형 가로구획은 여러 시기에 걸쳐 단계적으로 확장된 것으로 파악된다(이은석 2005; 황인호 2009).

격자형 가로구획을 조영하기 위해 개설한 도로도 다수 발견되었는데, 고구려 후기의 평양성처럼 대로(15.5미터), 중로(9미터), 소로(5.5미터) 등 세 종류가 확인되었다(박방룡 1995). 또한 도로 건설을 비롯한 각종 토목공사에는 1척이 35.6센티미터인 고구려척을 사용한 것으로 밝혀졌다. 각 가로구획을 조영할 때도 대구획을 조성한 다음 이를 '전田' 자 모양으로 4분할 또는 16분할했을 것으로 보인다(藤島亥治郎 1930; 龜田博 2000).

신라 도성의 격자형 가로구획이 고구려 후기 평양성과 유사한 양상을 띠었던 것인데, 이는 신라가 고구려의 영향을 받았을 가

[그림 12] 백제 사비도성 평면도 복원안

백제의 사비도성은 외곽에 나성을 쌓고, 내부 곳곳에 격자형 가로구획을 조영했다.

* 출처: 이성호, 〈백제 사비도성의 지형복원 연구〉, 《先史와 古代》 37, 2012, 337쪽.

능성을 시사한다. 그런데 고대 일본의 경우, 694년에 완성된 후지와라경藤原京에서 격자형 가로구획을 처음 조영했는데, 고구려척을 사용하고 가로구획을 4분할하는 등 고구려나 신라 도성과 조영 원리가 거의 같다. 격자형 가로구획의 조영 원리가 고구려에서 신라로, 다시 신라에서 일본으로 영향을 미친 것이다.

백제도 538년에 천도한 사비도성에서 격자형 가로구획을 조영하기 시작했다. 다만 그 흔적이 명확하게 남아 있지는 않다. 이에 종래 격자형 가로구획의 조영 여부, 또 그 규모를 둘러싸고 논란이 분분했다. 가령 일찍이 부소산성 아래의 관북리 일대에 대한 발굴 성과를 바탕으로 동서 86미터, 남북 103미터(박순발 2000), 또는 동서 85미터, 남북 99.6미터(이병호 2003)의 장방형 가로구획을 상정했지만, 고고 조사 결과 그 가능성은 희박한 것으로 밝혀졌다(김낙중 2012).

이에 GPS 측량 결과를 활용하여 도성 전체를 동서 95.5미터, 남북 113~117미터인 장방형 가로구획으로 조영하고, 이를 다시 16개 소구획으로 분할했다고 보기도 한다(박순발 2003). 또한 일제 시기의 〈부여 시가지 평면계획도〉(1939)를 바탕으로 현재의 부여 시내 중심부인 구아리 일대에서 한 변 88.2미터인 정방형 구획을 찾아낸 다음, 이것을 가로구획의 기본 단위로 상정하기도 한다(이병호 2013).

이처럼 백제 사비도성의 격자형 가로구획의 조영 원리는 아직 명확하게 규명되지 않았다. 향후 각종 지형도나 지적도, 고고 자료를 종합하여 더욱 다각도로 고찰할 필요가 있다. 다만 사비도성에서 발견된 여러 도로의 방향이 전체적으로 동서와 남북 방향을 추구하고 있다는 점에서 일정한 조영 원리에 의해 격자형 가로구획을 조성한 것은 틀림없다(이성호 2012).

바둑판 모양 계획도시의 기원

고대 도성의 격자형 가로구획은 대규모로 건설한 인공 공간, 곧 사회적 생산 공간이라 할 수 있다. 전술했듯이 사회적 생산 공간은 각 사회나 국가의 권력 관계에 의해 생산되며, 무수한 사회적 관계를 내포하면서 각종 통제와 생산의 수단으로 활용되었다(Henri Lefebvre 2011, 71~72 및 157). 고대 도성의 격자형 가로구획도 다양한 권력 관계가 작동하는 가운데 국가적 차원의 초대형 건설프로젝트로 추진되었을 것이다.

삼국은 대체로 6세기 중반을 전후해 격자형 가로구획을 조영하기 시작했다. 고구려나 백제는 4세기에 중앙집권체제를 갖추었고, 신라는 6세기 전반에 중앙집권체제로 전환했다. 삼국 모두 중앙집권체제 정비 이후 격자형 가로구획을 조영한 것이다. 그러므로 당연한 추론이지만, 가로구획의 조영 주체는 국가권력이라 할 수 있다. 그렇다면 한국 고대국가들은 왜 막대한 인력과 물자를 동원하여 바둑판 모양의 계획도시를 건설했던 것일까?

격자형 가로구획의 원초적인 모습은 중국의 한나라에서 확인

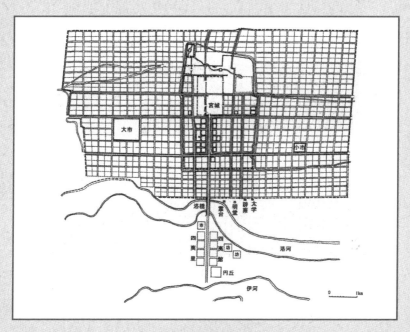

[그림 13] 북위 낙양성

북위의 낙양성은 도성 전체를 바둑판 모양의 격자형 가로구획으로 조영했다.

된다. 한은 행정 구역으로 이제里制를 시행했는데, 하북성 무안현의 오급고성午汲古城에서 '리里'의 기초 단위로 보이는 직사각형의 가로구획(남북 길이 380미터, 동서 너비 175미터)이 조사되었다. 이러한 '리'제는 전한의 장안성이나 후한의 낙양성에서도 시행되었지만, 도성 전체를 질서정연하게 조영한 양상은 확인되지 않는다. 오히려 도성 곳곳에 여러 개의 궁이 산재한 가운데, 공간 구획이 상당히 불규칙한 양상을 띤다.

도성의 격자형 가로구획은 3세기 전반 조위曹魏의 업성鄴城에서 본격적으로 시행되기 시작했다. 조위의 업성은 다궁제多宮制였던 한나라 시기와 달리 도성의 북쪽 중앙에 궁을 하나만 조영하고(단일궁제單一宮制), 도성 내부를 '전田'자 모양의 격자형 가로구획으로 조영했다. 다만 조위는 낙양으로 천도한 이후, 종전처럼 도성 내부를 불규칙하게 조영했다.

격자형 가로구획은 북위의 도성인 평성(지금의 산서성 대동)에서 다시 나타났다. 특히 북위는 494년에 낙양으로 천도한 다음, 종전의 낙양성 외곽으로 시가 구역을 확장시켜 동서 20개 구간, 남북 15개 구간으로 이루어진 격자형 가로구획을 조영했다. 각 구획은 길이와 너비가 300보步인 정방형이었는데, '전田'자 모양의 4개 소구획으로 분할했다(그림 13). 이러한 격자형 가로구획은 수·당의 장안성으로 계승되어 중국 고대 도성의 대명사로 자리 잡았다(楊寬 1993).

이처럼 고대 동아시아 격자형 가로구획의 조영 전통은 북위의

시간이 놓친 역사, 공간으로 읽는다 ──●

평성과 낙양성에서 마련되었다. 더욱이 북위 낙양성에서는 각 구획을 '전田' 자 모양으로 4분할했는데, 고구려 후기 평양성에서도 동일한 양상이 나타난다. 이로 보아 고구려 후기 평양성은 북위 낙양성의 영향을 받았을 가능성이 크다. 이러한 격자형 가로구획의 조영 목적에 대해 박한제 교수는 적국敵國 출신의 도성민을 통제하기 위한 것이라고 보았다.

북위는 정복 전쟁을 통해 노획한 수많은 포로를 도성에 안치하여 인적 기반으로 삼았는데, 이들을 통제하기 위해 높다란 담장으로 둘러싸인 격자형 가로구획을 조영했다는 것이다. '방坊'이라 불린 각 가로구획마다 방문坊門을 설치하고, 관리와 병사를 배치해 주민의 출입을 통제하며 감시했다고 한다(박한제 1990). 이에 전덕재 교수는 신라도 도성민 특히 진골 귀족을 통제하기 위해 격자형 가로구획을 조영했다고 보았다(전덕재 2005/2009).

물론 신라 도성의 격자형 가로구획도 도성민을 통제하는 기능을 지녔을 것이다. 다만 신라를 비롯한 한국 고대 도성에서 가로구획의 본질적 기능이 도성민의 통제였는가는 재검토할 필요가 있다. 현재까지의 고고 조사만 놓고 보면 신라도 가로구획을 둘러싼 담장을 쌓았지만, 가로구획을 완전히 봉쇄하는 방식으로 쌓지 않았으며 높이도 낮았다.

더욱이 북위의 낙양성이나 당의 장안성과 달리 주민의 출입을 통제하는 방문坊門이 확인되지 않았고, 각 가옥의 정문이 큰 도로를 향해 설치된 경우도 많다. 고구려 후기 평양성이나 백제 사비도성

[그림 14] 신라 왕경지구의 가로구획, 도로와 담장

신라는 삼국통일 이후 도성 전체를 격자형 가로구획으로 조영했다.
가로구획을 둘러싼 담장은 쌓았지만 완전히 봉쇄하지 않았고, 높이도 비교적 낮았다.

* 출처: 국립경주문화재연구소, 《신라왕경 발굴조사보고서》, 2002.

에서도 가로구획을 봉쇄한 높은 담장은 확인되지 않는다. 한국 고대의 경우, 격자형 가로구획의 조영 목적이 단순히 도성민의 통제에 있었다고 단정하기 힘든 것이다. 그렇다면 삼국이 격자형 가로구획으로 이루어진 대규모 계획도시를 건설한 이유는 무엇일까?

바둑판 모양 계획도시에 구현된 고대 신분제

격자형 가로구획의 조영 목적과 관련해 고대 일본의 사례는 중요한 시사를 준다. 고대 일본의 경우, 694년에 천도한 후지하라경에서 처음 격자형 가로구획을 조영했다. 야마토 조정은 천도에 앞서 도성민에게 새로운 도성의 택지를 나누어주었는데(691년), 관위冠位와 호구戶口에 따라 면적을 차등 지급했다.

격자형 가로구획을 16개의 소구획으로 분할해 소구획 1개를 1정町으로 삼은 다음, 우대신右大臣에게 4정, 직광이直廣貳 이상에게 2정, 대삼大參 이하에게 1정을 각각 나누어주었다. 근勤 이하의 하급 관인과 관위가 없는 도성민에게는 호구에 따라 상호는 1정, 중호는 2분의 1정, 하호는 4분의 1정을 나누어주었다.[*] 우대신과 하호가 지급 받은 택지는 각각 4정과 4분의 1정으로 16배나 차이 난다.

[*] 《일본서기日本書紀》 권30 지통持統 5년 12월 을사乙巳조.

이러한 양상은 8세기 전반의 후기 나니와경難波京에서도 확인되는데, 3위 이상은 1정 이하, 5위 이상은 2분의 1정 이하, 6위 이하는 4분의 1정 이하의 택지를 나누어주었다.[*] 고대 일본의 경우, 격자형 가로구획이 도성민의 택지를 차등 지급하는 기준으로 활용되었던 것이다(山下信一郎 1998). 실제 교토 남쪽에 위치한 8세기 말의 나가오카경長岡京에서는 고고 조사를 통해 택지가 2정, 1정, 2분의 1정, 4분의 1정, 8분의 1정, 16분의 1정, 32분의 1정 등의 비율로 분할된 사실이 밝혀졌다(佐藤信 1991).

고대 일본의 경우, 도성의 격자형 가로구획이 고대 중국과 달리 주민에 대한 감시나 통제보다는 택지를 차등 지급하는 데 활용된 것이다. 한국 고대 도성의 택지 분할이나 지급 방식을 보여주는 자료는 거의 없다.[**] 다만 고구려나 신라 도성은 모두 일본 고대의 후지하라경처럼 4분할법으로 가로구획을 분할했다. 더욱이 야마토 조정은 당시 당과의 교류가 단절되어 신라 도성을 모델로 삼아 후지하라경을 조영했는데, 가로구획의 분할이나 택지 지급 방식도 신라에서 도입했을 가능성이 크다(이근우 2005; 김희선 2010). 신라 도성에서도 가로구획을 등분한 다음, 신분과 관등

---

[*] 《속일본기續日本記》 천평天平 6년 9월 신미辛未조.

[**] 백제 사비도성의 택지와 고분군을 분석하여 대구획의 16분의 1을 중급 관료의 기준 택지로 상정한 다음, 고위 관료는 이것의 2~8배, 하위 관료-서민은 4분의 1배~2분의 1배 등의 택지를 보유했다고 파악한 견해가 제기되었다(山本孝文 2005).

　　　　　시간이 놓친 역사, 공간으로 읽는다　━━●

에 따라 관인이나 도성민에게 택지 면적을 차등 지급했을 가능성이 높은 것이다.

이와 관련해 신라가 고구려를 멸망시킨 다음 해인 669년(문무왕 9)에 주요 귀족과 관인에게 전국의 목장을 지급한 사례가 주목된다. 전국의 목장 174곳 가운데 왕실 재정을 관장하는 내성內省에 22곳, 각급 관청에 모두 10곳 등 32곳을 주었는데, 진골 귀족에게는 김유신 6곳, 김인문 5곳 등 36명에게 68곳이나 주었다. 반면 중하급 귀족이나 관인에게는 모두 합쳐서 나머지 74곳을 나누어주었다. 김유신이나 김인문 등 일개 진골 귀족이 개별 관청보다 더 많은 목장을 받은 것이다.

그러므로 격자형 가로구획을 기준으로 도성민의 택지를 나누어주었다면, 진골 귀족들은 고대 일본의 최상위 관인처럼 소구획을 여러 개 합친 대규모 택지를 받았을 것이다. 도성민들이 사는 택지 면적이 그들의 신분이나 관등에 따라 엄청나게 차이 난 것이다.

신라는 진골 귀족 중심의 폐쇄적 신분제인 골품제를 시행했고, 고구려나 백제도 이와 유사한 신분제를 시행했다. 이에 따라 지배층이라 하더라도 신분에 의해 관등과 관직의 승진 상한이 제한되었고, 이는 경제력과 직결되었다. 따라서 신분이나 관등에 따라 도성민의 택지를 차등 지급했다면, 격자형 가로구획의 본질적 기능은 고대 신분제와 연관되었을 가능성이 크다.

격자형 가로구획은 인공 공간인 만큼 건설 초기에 기존의 장소감은 약화되거나 해체된 반면, 새로운 장소감은 아직 형성되지 않았을 것이다. 또한 획일적인 공간을 대규모로 조성했기 때문에 각 가로구획이나 택지 사이의 차별성도 거의 없었을 것이다. 격자형 가로구획의 건설은 기존의 장소 정체성과 지배질서를 약화시키거나 해체시키고, 새로운 장소감과 지배질서를 배태하는 기반을 제공한 것이다. 이러한 점에서 격자형 가로구획은 공간의 생산을 통해 새로운 지배체제를 구축한 사례라 할 수 있다(David Harvey 1994, 301).

이처럼 대규모 가로구획의 조성과 더불어 기존의 장소감이 거의 소멸되었기 때문에, 각 가로구획과 택지의 특성이나 장소감은 각급 사용 주체에게 지급한 이후 새롭게 형성되었을 것이다. 그런데 격자형 가로구획은 도성민의 택지뿐 아니라 각 관청이나 사원의 부지를 선정하는 기준으로도 작용했다. 가령 신라 도성에서 가장 중요한 사찰인 황룡사는 가로구획 4개를 점유한 반면, 영묘사나 분황사는 가로구획 1개를 점유했다(신창수 1995). 사원의 위상에 따라 부지 면적이 달랐고, 사원의 위상은 부지 면적을 통해 표출된 것이다. 이렇게 본다면 차등 지급된 택지 면적도 거주민의 신분과 지위를 나타내는 역할을 했다고 짐작된다.

이에 따라 새로운 주거지에 대한 도성민의 장소감은 주로 택지 면적의 규모에 의해 형성되고, 이는 도성민에게 자신의 신분을 각인시키는 매개 역할을 했을 것이다. 도성의 공간 재배치를 통해 도성민에게 택지 면적을 차등 지급함으로써 자신의 신분적 위

시간이 놓친 역사, 공간으로 읽는다 ──●

상을 자각하여 신분제에 순응하도록 만들고, 고대적 신분제를 더욱 견고하게 구축한 것이다(Markus Schroer 2010, 94~120). 도성의 격자형 가로구획은 당시의 지배적 사회 관계인 고대적 신분제를 재생산하는 기반을 제공했고, 고대적 신분제는 격자형 가로구획이라는 사회적 공간의 생산을 통해 더욱 공고하게 구축되었던 것이다(Henri Lefebvre 2011, 207~211; Edward Soja 1997, 118~119).

도성(왕경)의 상징이 된 바둑판 모양 시가지

신라 문무왕은 삼국통일을 이룩한 다음, 도성을 더욱 웅장하게 만들기 위해 성곽을 축조하려 했다(681년). 이에 의상 스님이 다음과 같이 말하며 만류했다.

> 비록 들판에 띠로 이은 집을 짓고 살아도 바른 도를 행하면 복된 업이 길겠지만, 진실로 그렇지 않으면 백성을 동원해 성곽을 축조해도 이익이 되는 바가 없을 것입니다(《삼국유사三國遺事》권2, 기이紀異 문호왕법민文虎王法敏).

문무왕은 의상의 건의를 받아들여 공사를 중단했다. 실제 경주에 남아 있는 신라 도성에는 성벽이 없다. 그런데 《삼국사기》 지리지에는 통일신라 시기의 도성(왕도) 규모를 길이 3,075보, 너비

3,018보라고 구체적으로 밝히고 있다. 성곽도 쌓지 않았는데, 신라인들은 어떻게 도성의 공간 범위를 정할 수 있었던 것일까?

3,075보와 3,018보를 고려척 5척 1보제로 환산하면 5.37~5.56킬로미터이다. 이는 현재 남아 있는 격자형 가로구획의 범위(동서 5.3~5.5킬로미터, 남북 약 6.5킬로미터)와 거의 일치한다. 신라인들이 격자형 가로구획을 기준으로 도성의 범위를 정한 것이다.

격자형 가로구획은 도성과 주변 지역을 구분하는 기준으로 도성 경관을 상징하는 역할을 했다. 신라는 삼국통일 이후 격자형 가로구획의 외곽을 따라 선농제, 중농제, 후농제 등의 제사 장소를 설정하고, 매년 정기적으로 의례를 거행했다(여호규 2002a). 이러한 양상은 고구려나 백제에서도 확인된다. 백제는 사비도성을 감싼 나성 바로 외곽에 오제五帝를 제사 지내는 장소를 설정한 다음, 계절마다 방위별로 제사를 거행했다. 고구려도 후기 평양성을 감싼 나성 외곽의 대동강 변이나 낙랑 언덕에서 석전石戰 행사나 사냥대회 등을 거행했다(여호규 2015b).

삼국이 도성을 격자형 가로구획으로 조성한 다음, 그 외곽에 각종 의례 공간을 집중 배치했다. 삼국은 이곳에서 각종 의례를 정기적으로 거행함으로써 도성을 감싼 경계 지역을 신성시함과 더불어 도성 안팎을 구별하는 심상지리를 형성했다(Edward Relph 2005, 81~85; 水岡不二雄 2010, 269~270). 이로써 도성은 국가 전체에서 신성한 경계 지역으로 둘러싸인 중추 공간으로 거듭나고, 그 속에 사는 도성민(왕경인)들은 나라 전체에서 가장 우월한 정치적 지위와 사회적 신분을 누릴 정당성을 부여받았다.

삼국의 도성민들은 이름 앞에 출신 '부명部名'을 표시하여 도성에 거주한다는 사실을 밝혔다. 도성민으로서의 특권적 지위를 과시하려는 목적이었다. 도성의 격자형 가로구획과 이를 감싼 성벽이 도성민의 특권의식을 뒷받침하는 수단으로 활용된 것이다. 이처럼 격자형 가로구획은 도성민의 신분을 공간에 구현하는 역할과 더불어, 도성민(왕경인)과 지방민을 차별하는 고대적 신분제를 정당화하는 기능도 수행했다.

격자형 가로구획은 왕궁을 정점으로 하는 도성 전체의 위계적 공간구조를 창출하는 데도 중요한 역할을 담당했다. 다만 고구려 후기 평양성의 왕궁은 상대적으로 높으면서 가로구획을 조영하지 않은 내성에 위치했고, 신라는 가로구획 조영 이후에도 종전의 월성을 계속 궁성으로 사용했다. 삼국이 초기 이래의 입지조건이나 전통적 권위를 계승하여 도성 전체의 위계적 공간구조를 창출한 것이다.

삼국 후기 도성의 위계적 공간구조는 초·중기 도성의 전통적 공간성과 새롭게 도입한 격자형 가로구획을 결합하여 창출했다. 향후 초·중기 도성도 사회적 생산 공간이라는 관점에서 더욱 면밀하게 분석하고, 고대 도성이라는 공간이 사회구조와 정치체제 변화에 따라 끊임없이 재생산되었을 가능성에 유의할 필요가 있다. 이와 관련해 왕의 거주 공간이 왕궁으로 탄생하는 과정은 정치체제와 공간구조의 상호 연관성을 이해하는 데 많은 시사를 준다.

04
왕의 거주 공간이
왕궁이 되기까지

경복궁을 아시나요?

왕궁 하면 누구나 가장 먼저 서울 한복판에 자리한 경복궁을 떠올릴 것이다. 서울을 방문한 외국인들도 명동이나 동대문시장 등 쇼핑가를 제외하면 경복궁을 가장 많이 찾는다고 한다.

경복궁은 조선 왕조를 대표하는 왕궁이다. 1395년에 준공되어 200여 년간 정궁正宮(법궁法宮)의 역할을 했다. 임진왜란 때 불타 오랫동안 폐허 상태로 방치되다가, 1868년 흥선대원군의 주도로 중건되어 정궁의 위상을 되찾았다. 조선 멸망 직전 경복궁의 전각은 약 1만 칸(9,240칸)을 헤아렸다 하는데, 일제 시기에 대부분 헐리고 겨우 700여 칸만 남았다. 최근 상당수 전각이 복원되어 조금씩 제 모습을 찾고 있지만, 여전히 빈 터가 많이 남아 있다.

경복궁의 무수한 전각 가운데 남북으로 일렬을 이루는 근정전,

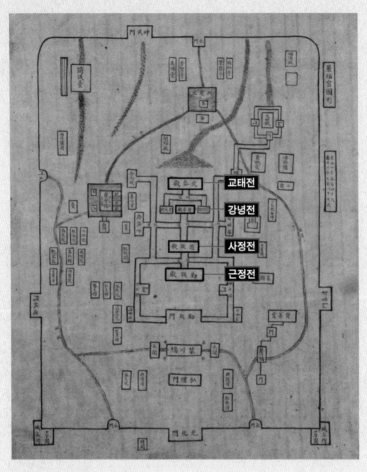

[그림 15] 〈경복궁도〉

국가의례를 거행하는 근정전, 국왕 집무실인 사정전,
국왕과 왕비의 침소인 강녕전과 교태전이 남북으로 축을 이루며
조선 왕조에서 가장 중요한 정치적 중추 공간의 역할을 담당했다.

* 소장처: 국립민속박물관.

사정전, 강녕전-교태전이 중심 축선을 이룬다. 이 가운데 근정전 勤政殿이 가장 앞에 자리하고 있는데, 광화문, 흥례문, 근정문을 차례로 지나면 널따란 월대 위에 자리한 근정전의 웅장한 모습이 나타난다. 그 웅장한 모습을 최대한 가까이에서 보고 싶어서인지 대부분의 관람객은 주변을 둘러보는 둥 마는 둥 지나쳐 곧바로 월대에 올라 근정전 안을 들여다본다.

근정전 안쪽 중앙에는 일월오악 병풍을 두른 용상이 있지만 나머지는 텅 빈 벽돌 바닥이다. 벽돌이 잿빛이어서 조금 어두침침하며 찬 기운마저 돌아 다소 을씨년스럽다. 이를 본 관람객들은 초라한 실내 모습에 실망감을 감추지 못한다. 그나마 월대 곳곳에 있는 4신과 12지 등 동물 조각상의 익살스런 모습이 관람객에 미소를 선사하며 실망감을 덜어준다.

왜 실망감을 느끼게 되었을까? 근정전은 흔히 경복궁의 '정전 正殿'이라 일컬어진다. 경복궁에서 가장 중요한 전각이라는 뜻이다. 그래서 대부분 국왕이 근정전에서 신료들과 나라의 정사를 돌보았다고 생각하고, 내부도 화려하게 장식했을 것이라 짐작한다. 관람객들이 근정문을 들어서자마자 근정전 안을 들여다보려고 달려가는 이유도 이 때문일 것이다.

그렇지만 근정전은 국왕이 신료들과 함께 정사를 돌보던 곳이 아니다. 근정전은 조정의 대소 신료가 모두 참석하는 대규모 조

회朝會나 세자 책봉식 등 중요한 국가의례가 열리던 곳이었다.[*]
조회나 의례가 열릴 때 국왕은 근정전 안의 용상에 앉았지만, 대
소 신료는 근정전 앞의 넓은 뜰에 동반(문반)과 서반(무반)으로 나
눠 각기 동쪽과 서쪽의 품계석 뒤에 열을 지어 섰다. 근정전은 건
물 내부와 그 앞의 뜰 전체가 합쳐져 거대한 의례 공간의 역할을
했던 것이다.

오늘날의 '정부'를 뜻하는 '조정朝廷·朝庭'이라는 단어는 바로
'조회를 열던 뜰'에서 유래했다. 이에 근정전 전각과 함께 조회가
열리던 뜰 전체를 회랑으로 감싸 장엄한 의례 공간을 연출했다.
끝없이 이어지는 회랑의 기둥 열을 바라보노라면 신비감이 들 정
도이다. 근정전을 제대로 관람하려면 근정전 전각뿐 아니라 그
앞의 뜰과 회랑을 함께 바라보아야 한다.

그래서 필자는 경복궁을 답사할 때, 곧바로 근정전 전각으로
다가가지 않는다. 근정문을 들어선 다음, 오른쪽(동쪽)으로 방향을
꺾어 회랑의 열주를 따라 동남 모서리까지 간다. 그곳 기둥에 기
대어 좌우로 펼쳐진 회랑 사이를 바라보면, 위로는 높다란 하늘,
뒤쪽 좌우로는 백악산과 인왕산을 배경으로 서 있는 근정전의 웅
장한 모습, 그리고 그 앞쪽의 넓은 뜰이 한눈에 들어온다([그림
16]). 대규모 조회와 각종 국가의례가 열리던 '조선 조정의 웅장한

---

[*] 국왕 즉위식은 일반적으로 선왕이 사망한 직후에 거행되었기 때문에 근정문에
서 간소하게 거행했다.

[그림 16] 경복궁 근정전 전경
근정문을 들어선 후 오른쪽(동쪽)으로 방향을 꺾어 동남 모서리까지 가서
회랑 사이를 바라보면 대규모 조회와 각종 국가의례가 열리던
'조선 조정의 웅장한 모습'을 한눈에 감상할 수 있다.
ⓒ 여호규

모습'을 한눈에 감상할 수 있다.

그런 다음 천천히 뜰을 가로질러 품계석으로 다가가면, 그 옛날 그곳에 도열했을 황희 정승이나 율곡 이이 등 무수한 신료들이 말을 거는 듯하다. 월대에 올라 돌짐승들의 익살스런 표정을 살핀 다음, 근정전 안을 들여다보면 수많은 문무백관을 거느린 조선 국왕의 위엄이 절로 느껴진다. 이처럼 근정전은 멀리서 천천히 다가가면서 조감하듯 관람해야 조선 왕조에서 가장 중요한 의례 공간이라는 장엄한 분위기를 온전히 느낄 수 있다.

근정전의 웅장함을 온몸으로 느낀 다음, 뒤쪽의 사정전에 들어서면 사뭇 다른 분위기가 묻어난다. '사정전思政殿'은 말 그대로 '정사를 생각하는 전각', 국왕이 신료들과 함께 정사를 논의하며 정무를 보던 공간이다. 이곳에서도 조회가 열리지만, 매일 개최하는 상참常參 조회로 의정부 대신을 비롯한 고위 관리만 참여하는 실무 조회이다. 사정전은 국왕이 평소에 일상 정무를 돌보던 집무실로 흔히 '편전便殿'이라 부른다.

사정전은 국왕이 편안하게 정무를 돌볼 수 있도록 지어졌다. 사정전의 건물 높이는 일반 민가보다 조금 높은 정도이다. 바닥도 나무를 깐 마루로 안쪽 중앙에 국왕의 용상이 있고, 그 앞으로 대소 신료들이 둘러앉을 수 있는 구조이다. 사정전 좌우에는 만춘전과 천추전이라는 부속 건물이 있는데, 왕을 보좌하거나 알현하려는 신료들이 머물렀다. 온돌 시설이 갖추어져 있어서 추운 겨울에는 국왕이 이곳에서 정무를 돌보았을 것으로 짐작된다.

이처럼 사정전은 국왕이 정무를 돌보기에 편리한 구조로 지어졌다. 관람객들이 사정전에 들어서는 순간 단아하면서도 아늑하다는 느낌을 받는 이유는 이 때문이다. 사정전을 관람할 때는 근정전과 달리 웅장한 스케일이 아니라, 국왕이 신료들과 함께 정무를 돌보기에 얼마나 편리하게 건물을 짓고 공간을 배치했는지를 유심히 살펴볼 필요가 있다.

사정전 뒤에는 강녕전과 교태전이 앞뒤로 나란히 있다. 강녕전은 국왕의 침전, 교태전은 왕비의 침전이다. 침전은 국왕과 왕비가 쉬거나 잠자는 등 일상생활을 하는 곳인데, 왕실 가족이나 가까운 신료들을 만나는 장소로도 사용되었다. 교태전 뒤뜰에는 왕비의 무료함을 달래기 위해 계단식 화단인 아미산을 아름답게 꾸며놓았다.

강녕전과 교태전은 국왕과 왕비가 생활하던 사적 공간이지만, 다른 한편으로는 왕조의 정통을 이을 왕자를 생산하는 공간이기도 하다. 두 전각의 지붕에는 용마루를 얹지 않았는데, 음양의 기운을 억누르지 않기 위해서라고 한다. '교태전'의 '교태交泰'는 "천지의 기운이 상서롭게 화합하여 만물이 크게 통하는 상태"를 뜻한다. 두 전각의 구조나 명칭에는 왕자를 순조롭게 생산해 왕조의 정통이 길이 이어지길 바라는 염원이 담겨 있는 것이다. 그런 의미에서 강녕전과 교태전은 왕통의 승계와 관련한 중요한 공적 공간이라 할 수 있다.

이처럼 경복궁의 중심 축선에 자리한 근정전-사정전-강녕전·

교태전은 왕조의 운영과 지탱에 핵심 역할을 하던 전각들이었다. 근정전이 중요한 정치회합[조회]과 국가의례를 거행하던 곳이라면, 사정전은 국왕의 집무실로 대소 신료와 정무를 논의하던 곳, 강녕전-교태전은 국왕과 왕비의 침소로 일상생활 공간이다. 경복궁 내부에 국왕의 거처뿐 아니라, 오늘날로 치면 국회의사당과 대통령실(종전의 청와대)에 해당하는 정치적 공간이 모두 존재했던 것이다(홍순민 1999/2017).

그런 점에서 경복궁은 단순한 왕의 거처가 아니라 공적인 정치 공간이다. 더욱이 경복궁은 한양 도성의 기준 역할을 했다. 경복궁의 왼쪽(동쪽)에는 왕실의 조상을 모시는 종묘, 오른쪽(서쪽)에는 나라의 경제기반을 상징하는 토지 신 '사社'와 곡식 신 '직稷'을 모신 사직단을 배치했다. 앞쪽에는 육조거리를 조성해 의정부를 비롯한 중요한 중앙 관청을 배치했다. 경복궁은 명실상부하게 조선 왕조에서 가장 중요한 정치적 중추 공간이었다.

정치적 중추 공간은 왕궁이 아니라 남당

그럼 왕조국가라면 언제 어디서나 왕궁이 정치적 중추 공간의 역할을 담당했을까? 우리가 타임머신을 타고 삼국 초기의 도성으로 여행을 떠난다면, 그곳에서도 경복궁과 같은 모습의 왕궁을 볼 수 있을까? 그곳의 왕궁에서도 대규모 정치회합과 중요한 국가의례가 열리고, 국왕이 집무실(편전)에서 대소 신료와 함께 정무를 돌보았을까?

《삼국사기》에는 삼국 모두 건국 직후에 도성을 축조하고 왕궁을 지었다고 전한다. 고구려는 시조 동명성왕(주몽, 추모왕) 4년에 성곽과 궁실을 지었다고 하는데, 〈동명왕편〉에는 마치 하늘이 도와주어 저절로 지어진 것처럼 묘사했다. 신라는 시조 혁거세왕 21년에 도성인 금성을 축조하고, 5년 뒤에 궁실을 조영했다고 한다. 백제도 시조 온조왕이 즉위하면서 위례성을 도읍으로 삼았고, 15년에 궁실을 지었다고 한다. 삼국 모두 시조가 나라를 세운 다음 곧바로 도성과 함께 왕궁을 지었다는 것이다.

그런데 삼국 초기에는 왕궁에서 대규모 정치회합이나 국가의례를 거행했다는 기사가 보이지 않는다. 국왕이 왕궁에서 정무를 돌보았다는 기사도 보이지 않는다. 국왕이 왕궁에서 대소 신료에게 향연을 베푼 기사는 고구려는 424년(장수왕 12), 백제는 500년(동성왕 22), 신라는 697년(효소왕 6)에 비로소 나타난다. 삼국이 건국 직후에 왕궁을 지었다 하더라도, 초기부터 왕궁에서 대규모 정치회합이나 국가의례를 거행했는지는 확인되지 않는다.

물론 관련 기록이 누락되었을 수도 있다. 그런데 《삼국사기》에는 일찍부터 왕궁 기사가 많이 나오는데, "궁의 문이 불탔다", "궁의 우물이 넘쳤다", "궁의 뜰에 신이한 새들이 모여들었다", "궁의 문기둥이 흔들리고 황룡이 나왔다" 등 재이災異나 상서祥瑞 사건이 주류를 이룬다. 왕궁에서 일어난 재이나 상서 기사가 많이 전해진다는 점에서 정치회합이나 국가의례 관련 기사만 누락되었다고 보기는 힘들다.

2장에서 서술한 것처럼 고구려는 건국 초기에 숲속의 사냥터에서 쿠데타를 모의하거나 실행했고, 압록강 변에서 제천행사를 거행했다. 중요한 정치회합이나 국가의례가 왕궁이 아니라 숲이나 강가 등 자연 공간에서 이루어진 것이다. 이렇게 보면 삼국 초기의 왕궁에는 경복궁의 근정전과 같은 대규모 의례 공간이 존재하지 않았을 가능성도 상정할 수 있을 것이다.

이와 관련해 신라와 백제의 남당은 중요한 시사를 준다. 신라는 249년(첨해왕 3)에 왕궁 남쪽에 '남당南堂'을 지었다고 한다. 남당이라는 이름은 왕궁의 남쪽 바깥에 위치한 데서 유래했다. 첨해왕은 "남당에서 처음으로 신료들의 말을 들으며 정사를 돌보았다"고 한다. 백제 또한 261년(고이왕 28)에 남당 기사가 처음 나오는데, "국왕이 남당에 앉아 정사를 돌보았다"고 한다. 신라와 백제의 왕들 모두 남당에서 대소 신료와 함께 정사를 돌보았다는 기록이다. 왕궁의 바깥에 위치한 남당이 국왕의 정무 공간, 곧 경복궁의 사정전과 같은 집무실(편전便殿)의 역할을 수행한 것이다.

신라 미추왕은 오랫동안 비가 내리지 않자 남당에서 여러 신료들과 모여 친히 정치와 형벌의 득실을 물었다고 한다. 남당이 국왕과 군신의 정치회합 장소로 사용되었던 것이다. 또 신라 눌지왕은 남당에서 양로연을 베풀었다고 한다. 백제도 웅진(공주)에 도읍한 시기에 동성왕이 남당에서 신료들에게 연회를 베풀었다는 기록이

전한다(489년, 동성왕 11). 남당이 양로연이나 연회와 같은 의례 공간으로도 사용된 것이다.

이처럼 신라 초기의 왕들은 남당에서 정무를 처리하고, 여러 신하들과 정치회합을 갖고, 양로연까지 열었다. 백제의 왕들도 남당에서 정무를 처리하거나 연회를 개최했다. 삼국 초기에는 국왕의 정무 수행, 각종 정치회합과 국가의례 거행 등이 왕궁이 아니라 왕궁 바깥에 위치한 남당에서 이루어졌던 것이다.

그럼 왕궁 내부에는 국왕의 공적인 정무 공간이 없었을까? 이와 관련해 고대 일본의 경우 6세기 초까지도 왕궁의 통합적 기능이 미약했다는 사실이 주목된다. 이때까지만 하더라도 고대 일본의 왕궁은 다른 왕자의 궁이나 호족의 저택과 질적인 차이가 거의 없었다는 것이다. 이로 보아 삼국 초기의 왕궁에도 국가 차원의 공적인 정무 공간이나 의례 공간이 별도로 마련되지 않았을 가능성이 크다.

요컨대 삼국 초기만 하더라도 왕궁이 국가 전체의 공적인 정치 공간으로 기능하지 못했다. 삼국 초기에는 왕궁이 정치적 중추 공간의 위상을 확보하지 못하고, 왕궁 바깥에 위치한 남당이 더 중요한 기능을 수행했던 것이다. 그러므로 우리가 타임머신을 타고 삼국 초기의 도성으로 가더라도 경복궁과 같은 모습의 왕궁을 만나기는 힘들 것이다.

남당이 정치적 중추 공간이 된 까닭

그럼 삼국 초기의 왕궁은 왜 정치적 중추 공간의 위상을 확보하지 못했던 것일까? 2장에서 서술한 것처럼 우리가 접하는 모든 공간은 '사회적 생산 공간'으로 특정한 사회체제나 그 사회 내의 정치나 권력 관계에 의해 생산되었다. 왕궁도 예외는 아니다. 삼국의 왕궁도 해당 시기의 정치체제나 사회구조를 바탕으로 지어졌을 것이다.

삼국 초기의 정치체제에 대해서는 다양한 견해가 있지만, 대체로 왕이 여러 부의 대표자들과 함께 공동으로 정치를 운영한 것으로 이해한다. 전쟁이나 외교 등 국가 중대사는 왕이 각 부의 대표자들과 함께 논의하여 의결했지만, 각 부는 내부의 일을 자치적으로 처리했다. 삼국 초기에는 고구려의 제가회의諸加會議나 신라의 제간회의諸干會議처럼 왕과 각 부의 대표자들로 구성된 회의체가 가장 중요한 정치기구의 역할을 담당했고, 국가 전체의 행정 업무를 처리하는 관청이나 관직은 거의 설치되지 않았다.

특히 고구려왕은 계루부, 신라왕은 훼부 등과 같이 특정 부에 소속되어 있었다. 삼국 초기의 왕은 특정 부의 대표자이면서 나라 전체를 대표하는 국왕의 역할을 수행했다. 이에 따라 국왕의 업무도 소속 부와 나라 전체의 일로 구분되었고, 집무 장소도 구분되었을 것이다. 삼국 초기의 왕궁이 정치적 중추 공간의 위상을 확보하지 못한 이유는 바로 여기에 있다.

삼국 초기의 왕궁은 본래 특정 부에 소속된 왕의 거주 공간이었다. 삼국 초기의 왕들은 본래 이곳에서 자기가 소속된 부의 업무를 처리했을 것이다. 가령 고구려 초기의 도성에는 왕궁이 있었고, 그 좌우에 큰 집을 지어 계루부 왕실의 조상신과 함께 농업신인 영성靈星, 사직社稷 등에게 제사를 지냈다. 중원 왕조의 종묘나 사직에 비견되는 제의 공간이 왕궁 좌우에 마련되어 있었던 것이다.

계루부뿐 아니라 소노부도 자신의 조상을 모시는 종묘를 건립하고, 영성과 사직에게 제사 지냈다. 한양 도성에만 종묘와 사직을 설치했던 조선 시기와 달리, 고구려 초기에는 도성뿐 아니라 소노부의 중심지에도 그에 비견되는 제의 시설이 존재했던 것이다. 이런 점에서 왕궁 좌우의 큰 집은 중원 왕조의 종묘와 사직에 비견되지만, 실제로는 계루부의 제의 시설로 고구려 전체를 대표하지는 못했다고 짐작된다.

고구려 초기에 가장 중요한 국가제의는 왕궁 좌우의 큰 집에서 거행된 종묘 제례나 사직 제사가 아니라, 동맹이라는 제천행사였다. 동맹제가 열리면 각 부의 사람들이 도성 동쪽의 압록강가에 모여 '수혈'에서 수신을 모셔다가 하늘에 제사를 지냈다. 가장 중요한 국가제의가 왕궁 주변이 아니라, 압록강이라는 천연의 자연 공간에서 거행되었던 것이다.

이처럼 고구려 초기에는 왕궁 좌우의 제의 시설이 나라 전체를 대표하는 제의 공간의 위상을 확보하지 못했다. 이런 점에서 고구려 초기의 왕궁도 아직 나라 전체를 대표하는 정치적 중추 공간의 위상을 확보하지 못하고, 계루부의 정치 중심지에 머물렀다고 할수 있다. 삼국 초기의 왕궁은 기본적으로 특정 부에 소속된 왕의 거주 공간이라는 성격이 강했던 것이다. 이로 인해 왕은 왕궁에서 주로 자기가 소속된 부의 업무를 처리했을 것으로 짐작된다.

더욱이 삼국 초기만 하더라도 왕이 다른 부를 압도할 정도로 초월적 위상을 확립하지 못했다. 왕이 자신의 거처인 왕궁으로 각 부의 대표자들을 불러들여 국가 중대사를 논의하거나 나라 전체의 정사를 돌보기는 힘들었다. 각 부의 대표자들도 왕궁에 들어가 국가 중대사를 논의하는 것은 왕권의 우위성을 인정하는 것이므로 수용하기 힘들었을 것이다.

이에 왕과 각 부의 대표자들은 일종의 타협책으로 왕궁 남쪽에 남당이라는 정치적 공간을 마련했다. 왕과 각 부의 대표자들은 이곳에 모여 국가 중대사를 논의했고, 양로연이나 향연 등과 같은 의례를 거행했다. 국왕도 이곳에서 나라 전체의 정무를 돌보았다. 삼국 초기에는 왕궁 남쪽의 남당이 정치적으로 가장 중요한 중추 공간의 역할을 수행했고, 왕궁은 아직 왕이 소속된 부의 정치 중심지라는 위상을 크게 벗어나지 못했던 것이다.

왕궁에 국왕 집무실이 마련되다

이처럼 왕조국가라도 왕궁이 언제나 가장 중요한 정치적 중추 공간의 위상을 가졌던 것은 아니다. 왕궁도 사회적 생산 공간이기 때문에 해당 시기의 사회구조나 정치체제를 바탕으로 조영될 수밖에 없었던 것이다. 삼국 초기의 경우, 왕이 각 부의 대표자들과 함께 공동으로 정치를 운영했기 때문에 왕궁이 아니라 그 남쪽의 남당이 정치적 중추 공간의 역할을 수행했다.

다만 남당도 왕궁과 함께 국왕이 소속된 부의 정치적 중심지인 도성에 위치했다. 남당의 역할이 커질수록 국왕이 소속된 부의 정치적 중심성이 강화되고, 도성의 위상도 높아졌을 것이다. 남당에서 이루어진 각종 정치적 회합과 국가의례가 장기적으로는 왕권을 강화하는 방향으로 작용했던 것이다. 더욱이 모든 정치적 공간은 해당 시기의 정치체제를 떠나 존재할 수 없다는 점에서, 초기 정치체제가 변화한다면 남당이나 왕궁의 위상도 바뀌게 될 것이다.

고구려의 경우 3세기 후반에 초기 정치체제가 해체되고 국왕 중심의 중앙집권체제로 전환되었다. 4세기에 들어와 국왕은 여타 귀족세력을 압도하며 '태왕太王'이라는 초월적 위상을 확립했다. 독자 여러분도 많이 들어보았을 서대묘, 천추총, 태왕릉, 장군총 등 거대한 적석묘는 이 무렵 조영되었다(그림 17). 이들 적석묘는 태왕의 초월적 위상을 과시하기 위해 엄청난 노동력과 물자를 동원해 조영한 거대한 기념물이자 사회적 생산물인 것이다.

이와 함께 계루부 왕실의 시조 전승을 고구려 전체의 건국설화로 정립하는 작업도 마무리했다. 여러 갈래로 전승되던 초기 왕

[그림 17] 태왕릉 전경
태왕릉은 태왕의 초월적 위상을 과시하기 위한 거대한 기념물이자
막대한 재원과 노동력이 투입해 건설한 사회적 생산물이다.
ⓒ 여호규

계를 시조 추모왕(주몽, 동명성왕)을 중심으로 정리하는 한편, 국가의 제의체계를 개편해 왕궁 좌우에 종묘와 국사國社(사직) 건물을 새롭게 조영했다(391년). 국내성지의 중앙부에서 왕궁으로 추정되는 대형 건물 유적이 발견되었는데, 그곳에서 4세기 중후반의 동진제 청자 등 최고급 외래품을 사용한 제사의례가 거행되었다.

왕궁과 그 주변의 종묘와 사직이 도성에서 가장 중추적인 의례 공간으로 부상했다. 이에 광개토왕은 도성의 의례 공간 재편에 맞게 왕궁을 대대적으로 증축하고 수리했다(406년). 장수왕은 대소 신료를 왕궁으로 초청하여 성대한 향연을 베풀며, 왕궁을 정점으로 하는 의례 공간의 재편이 마무리되었음을 대내외에 선포했다(424년).

이처럼 고구려의 경우 5세기 초에 들어와 왕궁을 정점으로 하는 의례 공간의 재편이 일단락되었다. 3세기 후반에 초기 정치체제가 해체된 사실을 상기하면, 왕궁과 그 주변의 제의 시설이 중추적인 의례 공간의 위상을 확보하는 데 상당히 오랜 시일이 걸린 것이다. 이는 정치체제나 권력 관계의 변화가 공간구조에는 매우 점진적으로 반영되기 때문이다.

중앙집권체제 정비 이후 왕궁의 변화 양상은 신라의 사례를 통해 더 구체적으로 살펴볼 수 있다. 신라는 중앙집권체제를 정비하기 시작하던 5세기 말에 왕궁을 월성으로 옮기는 한편(488년), 6세기 중반을 전후해 월성-대릉원-황룡사지 일대에 대규모 시가 구역을 조성했다. 이로써 왕궁과 시가 구역이 분리되었다. 종전의 금성 일대는 시가 구역으로 편입된 반면, 높다란 구릉에 자리한 월성이 새로운 정치 중심지로 부상했다.

월성으로 옮긴 왕궁의 공간구조와 관련해 "가뭄이 들자 진평왕이 정전正殿을 피하고, 음식을 줄이고, 남당에 납시어 죄수의 정상을 살폈다"는 585년(진평왕 7) 기사가 주목된다. 자연재해가 발생하면 임금이 정전을 피하고 평소 먹던 음식을 줄이고 죄수들을 심사해 사면하는 것은 한나라 이래 중원 왕조에서 널리 시행하던 제도이다. 여기서 주목되는 부분은 남당과 구별되는 별도 건물로 정전이 존재했다는 점이다.

종전 연구에서는 왕궁의 정전을 하나만 상정하고, 국가의 공식적 의례 공간이나 고대 중국의 태극전과 같은 것으로 이해했다. 경복궁으로 치면 근정전에 해당한다는 것이다(양정석 2008; 전덕재 2009). 그렇지만 왕궁이 왕의 거주 구역과 집무 공간인 내조內朝, 중소 규모 의례 공간인 중조中朝, 대규모 의례 공간인 외조外朝 등으로 분화한 경우, 각 영역의 중심 전각은 모두 '정전'이라 불렸다.

가령 당나라 태극궁의 경우, 외조의 정전은 정문인 승천문承天門, 중조의 정전은 태극전太極殿, 내조의 정전은 양의전兩儀殿이었다. 경복궁과 비교하면 광화문이 외조의 정전, 근정전이 중조의 정전, 사정전이 내조의 정전이 된다. 국왕 집무실인 사정전도 '정전'이라 불릴 수 있었던 것이다. 따라서 '정전'이라는 명칭만으로 585년에 진평왕이 피했다는 정전을 경복궁의 근정전과 같은 의례 공간이라고 단정하기는 힘들다.

자연재해가 발생했을 때 임금(황제)이 피하는 정전은 일상 정무를 보던 곳이다. 수나라에서는 "비 오기를 청한 다음 20일이 지나도 비가 오지 않으면 황제가 정전을 피하고 야외에 앉아 정무를 보았다"고 한다. 당나라에서는 "일식이 발생하면 황제는 소복을 입고 정전을 피하고 백관은 업무를 중단했다"고 한다. 정전을 피한다는 것은 황제가 집무실인 내조의 정전(편전)에 나아가지 않고, 다른 곳에서 근신하며 정무를 돌보는 것을 뜻한다.

실제 당나라에서는 717년에 종묘인 태묘太廟가 무너지자 "선황의 신주를 태극전으로 옮기고, 현종이 정전을 피하면서 5일간 조회를 그만두었는데, 이때 태극전에 모신 신주를 친히 배알했다"고 한다. 현종이 피했다는 정전은 중조의 정전인 태극전이 아니라 그와 명확히 구별되는 다른 전각이다. 5일간 조회를 그만두었다는 것에서 매일 상참常參 조회가 열리던 내조의 정전(편전)을 일컫는다는 사실을 알 수 있다.

그러므로 585년에 가뭄이 들자 진평왕이 피했다는 '정전正殿'은 일상 정무를 돌보던 집무실에 해당한다고 보아야 한다. 왕궁의 공간이 기능에 따라 분화된 시기의 상황과 비교하면, 내조의 정전 곧 편전으로 경복궁의 사정전에 해당한다. 왕궁이 월성으로 옮겨진 다음, 왕궁 내부에 국왕이 나라 전체의 정무를 돌보는 집무실이 마련된 것이다(여호규 2014a).

국왕의 일상적인 정무 공간이 종전의 남당에서 분화하여 왕궁 내부로 옮겨간 셈이다. 이는 6세기 이후 진행된 중앙집권체제 정비와 밀접히 연관되어 있다. 국왕 중심의 중앙집권체제가 정비됨에 따라 왕궁 내부에 국왕이 나라 전체의 정무를 돌보는 집무실을 마련해 강화된 왕권을 뒷받침했던 것이다. 이로써 왕궁의 정치적 위상이 점차 높아지기 시작했다.

의례 공간에 관청의 기능까지 더한 남당

그런데 진평왕은 정전을 피하며 "남당에 납시어 죄인의 정상을 살폈다"고 한다. 이는 신라 초기에 미추왕이 "비가 내리지 않자 남당에서 여러 신료들과 모여 정치와 형벌의 득실을 물었다"는 것과 같은 상황이다. 국왕의 정무 공간이 남당에서 분화해 왕궁 내부에 별도로 마련되었지만, 여전히 남당이 정치회합이나 의례 거행 등 중요한 기능을 수행한 것이다.

이러한 양상은 〈마운령진흥왕순수비〉(568년)에서도 엿볼 수 있다. 〈마운령비〉에는 진흥왕을 수행했던 신료 명단이 새겨져 있는데, '이내종인裏內從人', '당래객堂來客', '이래객裏來客' 등 조금 생소한 표현이 나온다. '이내종인'이나 '이래객'의 '리裏'는 고구려의 '중리中裏'나 고대 일본의 '내리內裏'와 같은 뜻인데, 왕궁 가운데 왕의 거주 구역[침전]과 정무 공간(편전)을 포함한 내조內朝를 지칭한다. 내조에는 진평왕이 피했다는 정전正殿 곧 국왕 집무실이 있었는데, '이내종인'이나 '이래객' 등은 이곳에서 국왕의 정무를

[그림 18] 마운령진흥왕순수비
568년에 진흥왕이 마운령을 순수하고 세운 비석이다.
비문을 통해 6세기 중반 신라의 정치제도와
왕궁의 공간구조를 엿볼 수 있다.
* 출처: 국립중앙박물관.

돕던 관리를 일컫는다.

'당래객'의 '당堂'은 남당을 지칭한다. 진흥왕 시기에도 남당이 '이내裏內'로 표현된 왕궁 내부와 구별되는 별도 장소에 있었던 것인데, 종전처럼 '남당南堂'으로 불린 것으로 보아 왕궁 남쪽에 위치했다고 짐작된다. '이내裏內'로 표현된 왕궁 내부가 내조에 해당한다면, 남당은 중조나 외조에 상응하며 당래객은 이곳에서 행정실무를 처리하던 관리를 일컫는다.

이처럼 진흥왕과 진평왕이 활동하던 신라 중고기에는 왕궁의 공간구조가 왕궁 내부[이내裏內]의 정전과 그 바깥의 남당을 중심으로 이루어져 있었다. 내조(편전)에 해당하는 '이내 정전'은 왕궁 내부에 자리했지만, 중조나 외조에 상응하는 남당은 왕궁 바깥에 위치했다. 경복궁으로 치면 왕궁 내부에 사정전에 해당하는 국왕 집무실이 마련되었지만, 근정전과 같은 대규모 의례 공간은 아직 왕궁 내부에 마련되지 못하고 바깥에 있었다. 중앙집권체제 정비와 더불어 왕궁의 기능이 강화되었지만, 아직 명실상부한 정치적 중추 공간의 위상을 확보하지 못했던 것이다. 우리가 6~7세기 전반의 신라 중고기로 여행을 떠난다 하더라도 아직 경복궁과 같은 왕궁의 모습을 만나기 어려운 것은 이런 점 때문이다.

이러한 신라 중고기의 왕궁과 유사한 모습은 고대 일본에서도 확인된다. 일본 오사카에는 7세기 중반에 조영된 전기前期 나니와궁難波宮이 있다. 크게 내리內裏와 조당원朝堂院 영역으로 구분된다. 내리는 국왕의 거주 구역과 정무 공간으로 이루어졌고, 그 앞

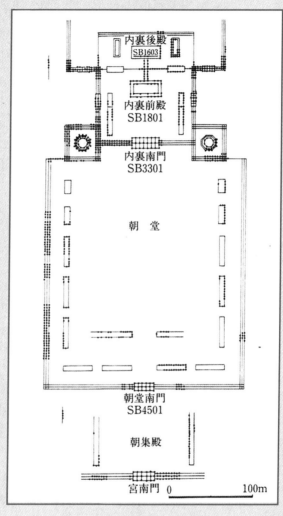

內裏後殿
SB1603

內裏前殿
SB1801

內裏南門
SB3301

朝　堂

朝堂南門
SB4501

朝集殿

宮南門　0　　　　100m

[그림 19] 고대 일본의 전기 나니와궁
국왕의 거주 구역과 정무 공간인 내리, 그리고 신라의 남당에 해당하는
조당원으로 이루어져 있다. 경복궁의 근정전에 해당하는 공간은 아직 나타나지 않았다.
* 출처: 林部均,《古代宮都形成過程の研究》, 青木書店, 2001, 73쪽.

쪽의 조당원에는 넓은 뜰[조정朝庭]과 16개 건물[당堂]이 있었다. 신라 중고기와 비교하면 내리는 왕궁 내부의 침전과 정전(편전)에 해당하고, 조당원은 남당에 상응한다.

조당원의 뜰에서는 각종 정치회합과 국가의례를 거행하고, 그 가장자리의 건물에서는 각종 행정실무를 처리했다. 나라의 주요 업무를 맡은 왕자나 신료들이 조당원의 건물에서 구두 결재를 하고, 실무관리는 각종 문서나 장부를 작성했던 것이다. 조당원이 관청의 역할을 했던 것인데, 아직 각 관서가 별도의 관청 시설을 갖추지 못했기 때문이다([그림 19]).

신라도 중고기에 중앙집권체제를 정비하면서 중앙관서를 순차적으로 설치했다. 진흥왕 시기에는 병부, 상대등, 품주, 사정부 등 4개만 두었다. 이 가운데 상대등은 관직의 성격이 강했고, 사정부에는 실무관리가 없었다. 실무관리는 병부와 품주에만 두었는데, 그 인원은 26명에 불과했다. 그런데 〈마운령비〉에서 보듯이 진흥왕 시기에 남당에 두어진 당래객도 25명 전후로 병부와 품주의 실무관리(사史)의 수와 비슷했다.

이로 보아 당래객은 품주와 병부에 두어졌던 실무관리를 지칭한다고 짐작된다. 품주와 병부가 별도의 관청 시설을 갖추지 못하고 남당에서 행정실무를 처리했던 것이다. 이처럼 신라 중고기의 남당도 고대 일본의 조당원처럼 행정실무를 처리하는 정무 기능을 수행했다. 실제 6세기 중반경 남당에는 고대 일본의 조당원처럼 북청北廳 등 전각이 여러 개 있었는데, 관리들이 이러한 건물

시간이 놓친 역사, 공간으로 읽는다 ──●

에서 행정실무를 처리했을 것으로 짐작된다.

중고기에 들어와 중앙집권체제 정비와 더불어 왕궁 내부에 국왕의 집무실이 마련되고 여러 중앙관서도 설치되었지만, 남당은 종전처럼 정치회합, 국가의례, 정무 수행 등의 기능을 수행했다. 중앙집권체제 정비로 왕궁의 정치적 위상이 크게 높아졌지만, 여전히 남당이 정치적 중추 공간의 역할을 하던 전통이 남아 있었던 것이다. 이는 중고기 이후 국왕권이 강화되었지만, 아직 국왕 중심의 정치제도를 완비하지 못했기 때문이다.

왕의 거주 공간, '진짜 왕궁'이 되다

신라의 중앙집권체제는 진평왕과 진덕여왕 시기를 거치며 더욱 완비되었다. 진평왕 시기에는 중앙관서가 더욱 많이 설치되고, 각 관서의 직급체계는 3~4단계로 늘어났다. 이로 인해 관리 수가 종전보다 4배 가까이 증가해 100여 명에 육박했다. 관서별로 관청 시설의 필요성이 증대한 것이다. 이에 월성 서북편에 창고 시설로 사용하던 굴립주 건물을[*] 폐기하고, 관청 시설인 적심 건물

---

[*] 굴립주掘立柱 건물은 땅에 구덩이를 파서 기둥을 세운 건물을 일컫는다. 기둥의 초석이 없는 건물이다.

을[*] 대거 조성하기 시작했다.

이에 따라 남당의 정무 수행 기능은 점차 각 관청으로 이관되었다. 남당의 기능이 크게 축소된 것인데, 이는 왕궁의 위상 강화로 이어졌다. 이러한 양상은 7세기 중반 진덕여왕 시기에 더욱 심화되었다. 중앙관서가 더욱 증설되는 가운데 각 관서의 직급체계가 5단계로 늘어나며 관리 수가 200여 명에 이르렀다. 거의 모든 중앙관서가 별도의 관청 시설을 갖춤에 따라 남당의 정무 수행 기능은 소멸하고, 국가의례와 정치회합 전용 공간으로 변모했다. 남당의 기능과 역할이 사실상 형해화된 것이다.

이 무렵 진덕여왕이 조원전朝元殿에 납시어 백관들로부터 새해 축하를 받는 하정례賀正禮를 거행했다(651년). 당시 신라는 연호와 관복 등 당나라의 정치제도를 적극 받아들였는데, 조원전도 당 장안성의 태극궁을 참조해 건립한 것으로 보인다. 하정례를 거행한 사실만 놓고 보면, 조원전은 새해 첫날의 원단元旦 의례를 거행하던 외조의 정전인 승천문에 해당한다고 볼 수도 있다.

그렇지만 신라가 조원전에서 외교사절 접견이나 재해를 물리치는 양재禳災 의식도 거행한 사실을 고려하면, 중조의 정전인 태극전에 해당한다고 보인다. 실제 조원전이라는 전각 이름은 후량이나 송나라의 황궁에서도 보이는데, 당의 태극전에 해당한다.

---

[*] 적심 건물은 기둥을 세우는 초석의 기초부를 돌을 층층이 쌓아 조영한 건물을 일컫는다.

이제 신라 왕궁에는 국왕의 집무실뿐 아니라 중조의 정전인 대규모 의례 공간도 갖추어진 것이다.

이때부터 남당은 더이상 나오지 않는다. 남당이 폐기되고 조원전이 국가의례와 정치회합의 핵심 공간의 역할을 수행하게 된 것이다. 더욱이 진덕여왕이 이곳에서 백관의 하정례를 받은 사실을 상기하면, 국왕과 신료의 공간을 명확하게 구별했을 것으로 보인다. 조원전은 경복궁 근정전처럼 국왕 중심의 국가적 의례 공간이었다. 이제 여러분들이 신라 도성으로 여행을 떠난다면 경복궁과 비슷한 모습의 왕궁을 만날 수 있게 된 셈이다.

이 무렵 월성 주변도 경복궁 일대와 비슷한 모습을 갖추어나갔다. 신라는 삼국통일 직후인 문무왕–신문왕 시기에 중앙집권체제를 더욱 체계적으로 정비했다. 당나라의 6전 조직에 해당하는 중앙관서가 모두 설치되고, 거의 모든 관서가 5단계 직급체계를 갖추었다. 이에 따라 관리의 수는 350여 명에 이르렀고, 더욱 많은 관아 시설이 필요해졌다.

신라는 679년(문무왕 19)에 월성 동북쪽에 동궁을 짓고, 왕궁 안팎의 문 이름을 지었다. 왕궁의 범위를 월성 북쪽의 안압지와 첨성대 일대로 크게 확장하는 한편, 월성 서북쪽에 대규모 관아 구역을 조영했다. 이러한 관아 구역은 당 태극궁 남쪽의 관아 구역인 황성이나 경복궁 광화문 남쪽의 육조거리에 해당한다. 다만 신라는 당이나 조선과 달리 월성 남쪽이 아니라 서북쪽에 관아 시설을 조성했다.

관아 구역의 위치가 다른데, 경주 분지의 독특한 지형조건 때문이다. 경주 분지의 진입로는 여러 갈래가 있지만, 서천을 건너는 길이 가장 많이 이용되었다. 신라 도성 전체의 정문은 남쪽이 아니라 서쪽에 있었다. 월성 남쪽은 낭떠러지이고 그 아래로 남천이 흘러 진입할 수 없었다. 그래서 월성은 첨성대나 안압지가 위치한 북쪽으로 진입했다. 월성의 정문이 북문이었는데, 신문왕의 왕비는 납비례를 거행할 때 북문을 통해 왕궁으로 들어갔다.

신라 도성 전체의 정문은 서문이었고, 월성의 정문은 북문이었다. 그리하여 외부에서 신라 왕궁을 방문할 경우 서천을 건너 도성 정문을 통과한 다음, 흥륜사(지금의 경주공고) 앞길과 대릉원 앞쪽을 지나 첨성대 부근에서 방향을 꺾어 월성의 북문으로 들어갔다. 월성 서북쪽의 첨성대 일대는 경복궁으로 치면 광화문 앞쪽 광장에 해당한다. 이에 신라는 월성 서북쪽의 첨성대 일대에 대규모 관아 구역을 조성했던 것이다.

한편 궁역의 확장과 더불어 월성의 정문인 북문이 외조의 정전으로 기능했다. 당 태극궁의 정문인 승천문에서 거행하던 죄수의 사면 의례[사유례赦宥禮]를 월성의 북문인 무평문武平門에서 거행한 사실은 이를 잘 보여준다(861년, 경문왕 1). 외조의 정전인 월성 북문을 경계로 그 남쪽의 월성 내부에는 내조-중조, 그 북쪽의 첨성대 일대에 관아 구역이 위치하게 된 것이다. 신라가 삼국통일 이후 당 장안성을 모델로 삼아 궁성과 관아 구역[황성]을 분리하여 배치한 것인데, 지형조건 때문에 양자의 위치가 바뀐 것이다.

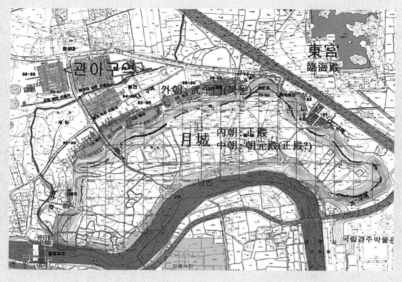

[그림 20] 통일신라기 신라 왕궁의 공간구조
월성 내부에는 경복궁의 근정전과 사정전에 해당하는 조원전과 내리 정전,
월성 북쪽에는 육조거리에 해당하는 관아 구역이 자리했다.
* 출처: 여호규, 〈6~8세기 신라 왕궁의 구조와 정무·의례 공간의 분화〉,
《역사와현실》 94, 2014a, 65쪽.

이로써 월성 내부에는 내조의 정전인 국왕의 집무 공간 및 중조의 정전인 조원전 등이 위치하고, 그 북쪽에는 관아 구역이 위치하게 되었다. 월성 북문을 경계로 월성 내부의 내조-중조와 그 북쪽의 관아 구역이 명확히 구분되었다. 이로 인해 월성은 궁역 가운데 가장 중추 공간인 대내大內로 인식되었다. 신라가 당 장안성을 모델로 삼으면서도 경주 분지의 지형조건과 월성의 전통적 권위를 바탕으로 왕궁 중심의 위계적 공간구조를 확립한 것이다(여호규 2014a).

신라는 삼국통일 이후 격자형 가로구획을 크게 확장했다. 이에 따른 경관 변화는 왕궁의 위상을 더욱 격상시켰다. 격자형 가로구획이 경주 분지 전역으로 확장됨에 따라 월성과 그 북쪽의 궁역은 다른 시가 구역의 획일적인 경관과 뚜렷이 대비되었다. 특히 월성은 고도가 상대적으로 높아 외관상으로도 쉽게 최상위 공간으로 인식되었다.

이 무렵 월성에 고루鼓樓가 건립되었다(655년). 고루는 북이나 종을 쳐서 시각을 알리는 시설이었다. 성문이나 궁문을 여닫는 시각, 관리의 출퇴근 시각, 도성민의 통행금지 시각 등은 모두 고루의 북소리나 종소리에 맞춰 이루어졌다. 고루가 위치한 월성이 도성민과 관리들의 일상생활 시각을 제정하여 알리는 발신지가 되었다. 왕궁인 월성이 도성의 공간뿐 아니라 시간까지 규율하며 중추 공간으로서의 위상을 더욱 강화했던 것이다(여호규 2018).

이로써 왕궁이 위치한 월성은 도성, 나아가 신라 전체에서 가장 중요한 정치적 중추 공간으로 부상했다. 왕의 거주 공간이 6세기 초 이래 장기간에 걸친 중앙집권체제 정비를 바탕으로 비로소 '명실상부한 진짜 왕궁'의 위상을 확보한 것이다. 이에 통일신라의 왕들은 신료들을 대동하여 월성의 높다란 문루에 올라가 시가지를 굽어보며 민정을 시찰하거나 치적을 과시하며, 왕궁이 도성에서 가장 중추적인 공간임을 은연중에 드러내었다.

이처럼 왕궁이 정치적 중추 공간의 위상을 확립할 무렵, 신라 도성인 경주는 종전의 삼국을 아우른 최상위 정치 중심지로 부상했다. 이에 신라는 지방제도를 정비하며 도성을 중심으로 하는 전국적인 공간 지배망을 구축했다. 이러한 공간 지배망을 종전에는 주로 지방제도라는 제도사 차원에서 접근했는데, 2장에서 다룬 다양한 공간 개념을 활용해 고찰한다면 새로운 각도에서 더욱 다채롭게 이해할 수 있을 것이다.

고구려와 백제의 왕궁

고구려나 백제의 경우, 멸망할 때까지도 7세기 후반의 신라와 같은 중앙관서나 관직체계를 갖추었다고 보기 힘들다. 신라의 사례에서 보듯 중앙집권체제가 완비되지 않은 상황에서 왕의 거주 공간이 '명실상부한 정치적 중추 공간'의 위상을 확보하기는 힘들었다. 백제나 고구려의 왕궁은 끝까지 당의 태극궁이나 조선의 경복궁과 같은 모습을 갖추지 못했을 가능성도 있는 것이다.

백제의 경우, 웅진 시기에도 동성왕이 왕궁 남쪽의 남당에서 신료들과 정치회합을 했다. 동성왕이 왕궁 안에 새로 지은 임류각에서 연회를 열기도 했지만, 아주 가까운 측근 신료만 초청했다. 백제는 멸망할 때까지도 왕궁 남쪽의 남당에서 중요한 국가의례나 정치회합을 거행하고, 왕궁에는 경복궁의 근정전에 해당하는 의례 공간이 마련되지 않았을 수 있다.

고구려 후기의 왕궁도 신라 중고기처럼 국왕의 정무 공간인 내리의 정전과 그 남쪽의 남당에 상응하는 공간을 중심으로 이루어졌다. 남당에 상응하는 공간이 왕궁의 안팎 가운데 어디에 위치했는지 명확하지 않지만, 국왕이 신료들과 공동으로 국가 중대사를 의결하던 정치적 공간의 유제遺制가 여전히 남아 있었던 것이다. 그런 점에서 고구려 후기의 왕궁도 경복궁과 같은 모습을 갖추지 못했을 수 있다.

05
지방 각지에
'또 다른 서울'을 건설한 까닭

지방 행정 구역도 사회적 생산 공간일까

왕궁이나 도성은 다양한 인공 건축물로 이루어져 있다. 이에 왕궁이나 도성이 해당 시기의 사회구조나 정치체제를 바탕으로 조영한 사회적 생산 공간이라고 하면 누구나 쉽게 수긍한다. 반면 지방 행정 구역은 특정 국가의 영역을 일정한 구획 단위로 나누어서 분절한 것으로, 마치 좌표 평면상에 넓게 펼쳐진 공간을 임의로 나눈 것에 불과한 것처럼 보인다. 이런 점에서 지방 행정 구역을 사회적 생산 공간이라 하면 고개를 갸우뚱할 독자가 적지 않을 것이다.

우리나라 지방제도의 변천에 대해 각종 개설서에서는 통일신라는 '9주 5소경', 고려는 '5도 양계', 조선은 '8도'라고 서술하고 있다. '주州', '도道', '계界' 등은 각 나라의 영역 전체를 넓게 구획한 광역 행정 구역이다. 각국은 이러한 광역 행정 구역 아래에 군郡과 현縣이라는 중간 내지 기초 행정 구역을 설치하고, 각급 지방관을 파견해 다스렸다. 각 시기의 지방제도가 광역 행정 구역, 군, 현 등 3단계 구조로 거의 같은 것처럼 보인다.

그렇지만 조금만 깊이 들여다보면 각 시기의 지방제도가 상당히 다르다는 사실을 알 수 있다. 가령 고려는 광역 행정 구역 아래에 군과 현을 두었지만, 모든 군·현에 지방관을 파견하지 못했다. 지방관이 파견된 군·현을 주현主縣, 그렇지 못한 군·현을 속현屬縣이라 불렀는데, 지방관이 파견되지 않은 속현이 주현보다 더 많았다. 광역 행정 구역인 도에 안찰사를 파견했지만, 특정한 행정 중심지에 상주하지 않고 각 군·현을 순회하며 지방관을 감독하는 임무를 수행했다.

고려의 지방제도는 모든 군·현에 지방관을 파견하고 관찰사가 각 도의 감영監營에 상주했던 조선 시기와 비교하면 많이 달랐다. 이에 고려는 조선에 비해 중앙집권체제가 약했다거나, 사회구성이 훨씬 다원적이었다고 보기도 한다. 고려의 지방제도는 조선에 비해 미약했던 중앙집권체제이지만 훨씬 다원적이었던 사회구성을 반영한다는 견해이다.

통일신라도 고려나 조선처럼 전국을 여러 광역 행정 구역으로 나누었는데, 주 아래에는 고려나 조선처럼 군과 현을 설치했다. 통일신라의 지방제도는 외형상 고려나 조선과 거의 동일한 것처럼 보인다. 특히 통일신라가 각 주에 주치州治를 설치하여 도독을 파견하고 모든 군과 현에 태수와 현령을 파견한 사실만 놓고 보면, 고려보다 오히려 조선의 지방제도에 더 가까운 것처럼 보인다.

그럼 통일신라의 지방제도는 고려나 조선과 별다른 차이가 없었던 것일까? '9주 5소경'이라는 표현에서 보듯이 통일신라는 '9주' 이외에 '5소경'을 두었다. 신라는 6세기 초부터 소경을 설치하기 시작해 삼국통일 직후인 신문왕 시기에 금관소경(김해), 중원소경(충주), 북원소경(원주), 서원소경(청주), 남원소경(남원) 등 5소경을 완비했다. 이들 소경은 각 주에서 도성 방면으로 치우친 곳에 위치하여 마치 각 주의 행정 중심지인 주치와 도성을 잇는 양상을 보인다.

이에 과거에는 소경을 도성과 주치를 잇는 중간 거점이나 지방문화의 중심지로 이해했다. 신라 도성이 동남쪽에 치우쳐 위치했기 때문에 이를 보완하며 지방 통치를 강화하기 위해 소경을 설치했다는 것이다(임병태 1967; 양기석 1993; 전덕재 2002). 5소경을 지방통치조직의 하나로 보는 관점이다. 주치와 도성을 잇는 중간 지점에 위치한 사실만 놓고 보면 비교적 타당한 이해라 할 수도 있다.

그렇지만 소경이라는 단어에는 도성, 곧 서울을 뜻하는 '경京' 자가 들어가 있다. 소경은 글자 그대로 '큰 서울[大京]'인 도성에 비견되는 '작은 서울[小京]'을 의미한다. 명칭만 놓고 보면, 소경은 지방 행정 구역인 주, 군, 현과 달리 도성과 같은 성격을 지녔을 가능성이 크다. 흔히 '9주 5소경'이라고 하여 5소경을 지방 통치조직의 하나로 이해하지만, 소경의 실체를 정확하게 이해하기 위해서는 도성[왕경]과의 유사성에 더 주목할 필요가 있는 것이다.

고구려도 후기에 국내성과 한성 등의 별도別都를 두었는데, 도성인 평양과 함께 '3경京'이라 불렸다. 명칭만 놓고 보면 고구려 후기의 별도도 신라의 소경처럼 도성과 같은 성격을 지녔을 것으로 짐작된다. 백제의 경우 사료상 소경이나 별도의 존재는 확인되지 않지만, 사비 천도 이후에 종전 도성이었던 웅진성, 그리고 미륵사지 및 왕궁리 유적이 위치한 익산 지역 등은 부도副都의 위상을 지녔을 것으로 짐작된다.

통일신라뿐 아니라 삼국이 모두 지방 각지에 '작은 서울' 내지는 '또 다른 도성'이라는 뜻을 가진 소경이나 별도를 건설한 것이다. 이런 점에서 소경[별도]은 고대 지방제도에서 가장 특징적 요소라 할 수 있다. 지방 통치조직의 외형적인 구조만 보면, 통일신라나 고려, 조선의 지방제도가 거의 비슷해 보이지만 실제로는 많은 차이가 났던 것이다.

시기마다 지방제도가 달랐던 가장 큰 이유는 각국의 사회·경제 구조나 국가체제가 달랐기 때문이다. 지방 행정 구역이란 각국의 사회·경제 구조와 국가체제에 입각하여 영역을 일정 구획 단위로 나누어 분절하고 이를 재조직한 것이다. 국가권력의 기획 아래 영역을 인위적으로 재편했다는 점에서 지방 행정 구역도 왕궁이나 도성처럼 사회적 생산 공간의 하나로 이해할 수 있다(여호규 2014b).

왕경을 모방해 건설한 신라의 소경

그럼 신라의 소경이나 고구려의 별도는 '경京'이나 '도都'라는 표
현처럼 실제 도성(왕경)과 같은 성격을 지녔던 것일까? 만약 그렇
다면 고대국가들은 왜 지방 각지에 소경이나 별도라는 '작은 서
울'을 건설한 것일까? 이러한 의문을 풀기 위해서는 소경이나 별
도의 모습을 좀 더 구체적으로 살펴볼 필요가 있다.

신라는 5세기 후반부터 도성인 경주에서 군위, 의성, 상주를
거쳐 소백산맥으로 나아가는 지역에 성곽을 축조해 지방 지배를
강화하는 한편, 소백산맥 외곽으로의 진출을 도모했다. 이 무렵
아시촌소경을 설치하고, 왕도와 남쪽 지역의 사람을 이주시켰다
(514년, 지증왕 15). 신라가 지방제도를 정비하던 초창기인 6세기 초
부터 소경을 설치했던 것이다.

아시촌소경은 의성군 안계면 일대로 비정되는데, 경주에서 소
백산맥 방면으로 나아가는 교통로의 요충지이다. 이곳은 낙동강
수로를 이용해 경북 북부 각지의 물자를 운송하여 집하할 수 있는
물류망의 중심지이기도 하다. 신라가 도성과 소백산맥 일대를 잇
는 중간 지점에 왕도와 남쪽 지역의 사람을 대거 이주시켜 새로운
거점을 건설한 것이다.

신라는 525년에 아시촌소경 부근에 사벌주(지금의 상주)를 설치
했지만, 아시촌소경을 그대로 두었다. 그 이후 낙동강 중상류를
관할하는 상주上州의 주치州治가 감문(김천, 557년)이나 일선(선산,

614년) 등으로 옮겨졌지만, 아시촌소경을 다른 곳으로 옮기거나 폐지하지 않았다. 아시촌소경은 주치의 이동과 상관없이 처음 설치된 장소에서 계속 소경의 기능을 수행한 것이다.

두 번째 소경인 국원소경은 한강 유역으로 진출한 직후인 557년(진흥왕 18)에 설치했는데, 그 과정은 아시촌소경과 비슷했다. 557년 국원소경을 설치한 후 이듬해에 왕도의 귀척貴戚 자제와 6부 호민을 이주시켰다. 신라가 국원소경에도 귀척 자제를 비롯한 도성의 지배층과 유력자를 대거 이주시켜 새로운 거점을 건설한 것이다.

국원소경은 남한강 중상류의 충주 지역으로 비정된다. 이곳은 죽령과 계립령(하늘재)을 통해 한강과 낙동강 유역을 잇는 중간 거점으로 신라가 한강 유역으로 진출할 때 반드시 거쳐야 하는 전략적 요충지이다. 신라는 553년 한강 유역을 장악한 다음 광역 행정구역인 신주新州를 설치하고, 주치를 한산(553년), 북한산(557년), 남천(568년), 북한산(604년) 등으로 여러 차례 옮겼지만, 국원소경은 변함없이 같은 장소에서 소경의 기능을 수행했다.

이처럼 아시촌소경이나 국원소경은 도성민을 이주시켜 새롭게 건설한 거점이고, 주치의 이동과 상관없이 같은 장소에서 계속 소경의 기능을 수행했다. 그런데 문장가인 강수의 출신을 '중원경 사량인沙梁人'이라 한 데서 보듯이 소경에는 도성과 같은 6부 행정구역을 시행했다. 또한 소경의 장관인 사대등仕大等은 상대등이나 전대등처럼 대등에서 분화했는데, 지방관이 아니라 중앙관으로 짐작된다. 소경은 도성과 각 지역을 잇는 중간 거점이었을 뿐 아니라, 왕경인을 이주시켜 건설한 거점답게 도성과 같은 면모를 많이 지녔던 것이다.

세 번째 소경인 북소경은 639년(선덕여왕 8)에 하슬라주에 설치했는데, 지금의 강릉으로 비정된다. 북소경 설치 직후 자장 스님은 강릉 주변의 오대산이나 태백산 등지에서 활동하며 왕경에 버금가는 불국토로 만들려 했다. 그 뒤 의상과 원효의 발걸음이 이어졌고, 세헌각간이 저택을 짓는 등 왕족과 귀족들이 빈번하게 왕래했다. 신라가 북소경 설치 이후 강릉 일대를 도성에 버금가는 왕경인의 중심지로 건설하려 했던 것이다.

소경을 도성에 버금가는 중심지로 건설하려면 막대한 재원이 소요되었을 것이다. 또한 왕경에서 이주한 소경인들이 생활하는 데도 많은 물자가 필요했을 것이다. 그런데 강릉 일대는 고구려와의 접경 지역으로 650년대 이후 양국의 각축전이 치열해짐에 따라 방어체계를 공고히 구축할 필요성이 증대했다. 소경에 투입되던 막대한 재원과 물자를 군수용으로 전환해야 했던 것이다. 이에 신라는 658년에 북소경을 폐지하고 군사거점 기능을 강화했다.

이처럼 신라가 삼국통일 이전에 설치한 아시촌소경, 국원소경, 북소경 등은 모두 도성민을 이주시켜 새롭게 건설한 거점이었다. 신라가 영역을 확장하면서 지방 행정 구역만 설치한 것이 아니라, 그리스가 지중해 곳곳으로 진출해 식민도시를 건설한 것처럼 왕경인의 새로운 중심지를 조영한 것이다. 이런 점에서 소경은

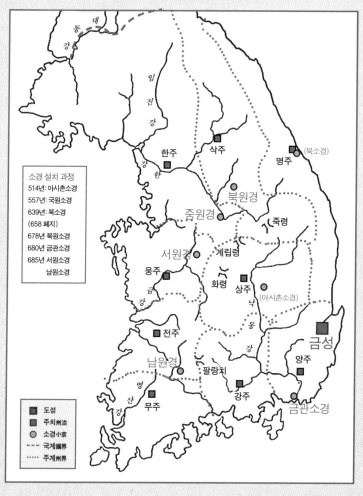

소경 설치 과정
514년: 아시촌소경
557년: 국원소경
639년: 북소경
(658 폐지)
678년 북원소경
680년 금관소경
685년 서원소경
    남원소경

동 대 강
임진강
한강
한주
삭주
(북소경)
명주
북원경
중원경
죽령
서원경
계립령
웅주
금강
화령
상주
(아시촌소경)
낙동강
금성
전주
양주
남원경
팔랑치
강주
영산강
무주
금관소경

■ 도성
■ 주치州治
● 소경小京
--- 국계國界
··· 주계州界

[그림 21] 통일신라의 지방 행정 구역과 5소경
신라는 소백산맥 외곽의 각 주와 도성을 연결하는 수로와 육로의 결절점에
소경을 건설하여 물자를 비축·관리하고 소비하는 '재화의 공급 집적지'로 삼았다.
* 출처: 여호규, 〈한국 고대의 지방도시〉, 《강좌 한국고대사 (7)》,
가락국사적개발연구원, 2002b, 141쪽.

왕경을 모방해 건설했을 것으로 짐작된다.

신라는 삼국통일 이후 지방제도와 군사제도를 정비함과 아울러 678년 북원소경(원주)을 시작으로 680년 금관소경(김해), 685년 서원소경(청주)과 남원소경(남원) 등을 설치하여 기존의 국원소경(중원소경)과 함께 5소경을 완비했다. 그런 다음 여러 주·군의 백성을 소경으로 이주시켜 거점으로 육성했다. 그런데 금관소경을 제외하면 각 소경의 명칭에는 모두 평지나 들판을 뜻하는 '원原' 자가 들어가 있다. 이는 당시 산성에 위치했던 지방행정 중심지나 군사거점과 달리, 소경은 도성처럼 평지에 건설되었을 가능성을 시사한다.

실제 남원소경이나 서원소경은 하천을 따라 펼쳐진 충적평지에 조영되었다. 이는 여러 하천으로 둘러싸인 경주 분지 한복판에 자리한 도성의 입지조건과 유사하다. 더욱이 남원소경은 도성인 경주처럼 바둑판 모양의 격자형 가로구획으로 조영한 사실이 확인되었다. [그림 22]에서 보듯이 가로구획의 규모는 동서 160미터, 남북 160미터로 도성의 가로구획과 비슷했는데, 동서와 남북

[그림 22] 남원시 일대의 지적도와 항공사진(1967)
신라가 도성의 격자형 가로구획을 모방하여 소경을 조영했음을 잘 보여준다.
최근 남원에서 통일신라기의 가로구획이 조사되었다.
* 출처: 박태우, 〈통일신라시대의 지방도시에 대한 연구〉,
《백제연구》 18, 1987, 부도 2.

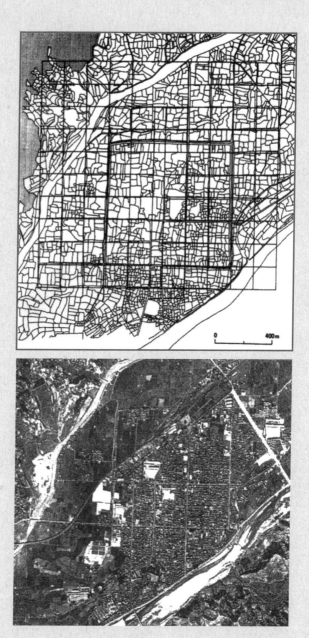

방향으로 각각 10개 구간 총 100구역을 조영했다.

서원소경은 지금의 청주로 비정되는데, 청주 시내를 관통하는 무심천 좌우의 충적평지에서 가로구획의 흔적이 확인되었다. 가로구획의 길이나 너비는 132~174미터로 동서와 남북 방향으로 각각 6구간씩 총 36구역을 조영했다. 각 구역은 다시 16개의 소구획으로 분할되는데, 도성처럼 4분할법에 의해 대구획을 세분했던 것이다. 이로 보아 아직 흔적이 확인되지 않았지만, 중원소경[국원소경]과 북원소경도 격자형 가로구획으로 조영했을 것으로 짐작된다.

이처럼 소경은 도성을 모델로 삼아 바둑판 모양의 격자형 가로구획으로 조영했다. 그러므로 관아나 사찰 등 주요 건축물을 배치하거나 소경민에게 택지를 사여할 때도 도성과 동일한 기준을 적용했을 것으로 짐작된다. 소경의 공간구조는 도성과 거의 동일한 기능을 수행하고 위상을 유지할 수 있는 형태로 조영되었다. 소경은 명실공히 도성인 '큰 서울(대경大京)'을 거의 그대로 재현한 '작은 서울(소경小京)'이었던 것이다(여호규 2002b).

고구려의 별도와 백제의 부도

그럼 고구려 후기의 별도別都도 도성을 모방해 건설했을까? 고구려는 후기에 국내성과 한성 등의 별도를 두었다. 이들은 평양 도성과 함께 '3경京'이라 불리었고, 많은 인구가 모인 도시라는 뜻에서 '도회지소都會之所'라 일컬어졌다. 명칭만 놓고 보면 고구려 후기의 별도도 신라의 소경처럼 도성을 모방해 건설했을 가능성이 크다.

국내성은 수백 년간 도성의 기능을 수행했는데, 427년 평양 천도 이후에도 왕들이 자주 행행하고, 거대한 벽화고분을 조영한 것에서 보듯 정치, 경제, 문화의 중심지라는 위상을 유지했다. 또한 국내성지 내부 공간은 평양 천도 이후에도 계속 사용되었고, 도시 기반 시설이나 거주 구역은 그 외곽으로 더욱 확장되었다. 특히 최근 환도산성에서 대규모 궁전 유적이 조사되었는데, 6세기 중반을 전후해 조영된 것으로 보인다. 국내성이 평양 천도 이후에도 종전과 같이 도성으로서의 경관을 연출하며 그에 버금가는 위상을 유지했던 것이다.

한성 별도는 재령강 상류인 재령군 신원 일대로 비정된다. 이곳에는 둘레 10.5킬로미터에 달하는 장수산성이 있고, 그 남쪽 평지에서 대규모 도시 유적이 발견되었다. 한성 별도도 국내성이나 평양 도성처럼 평지 거점과 방어용 산성으로 이루어져 있었다. 또한 566년(병술년)에 제작된 〈평양성각자성석〉에 따르면 한성에는 도성의 5부 행정 구역과 동일한 '후부後部'가 설치되었다. 한성도 기본적으로 도성을 모방해 건설하고 운영했던 것이다.

신원 도시 유적은 재령강 좌우에 펼쳐진 남북 4.5킬로미터, 동서 4킬로미터의 평지에 조성되었다. 고구려 시기의 붉은색 기와

충과 함께 동북–서남 약 66미터, 서북–동남 약 78미터인 바둑판 모양의 가로구획이 확인되었다. 신원 도시 유적은 재령강 양안의 넓은 평지에 격자형 가로구획을 조영하고 기와 건물을 조영한 대규모 도시였다. 그러므로 고구려 후기의 별도도 신라의 소경처럼 도성을 모방하여 건설한 '또 다른 도성別都'이라 할 수 있다.

그럼 백제는 어떠했을까? 백제의 경우, 사료상으로는 신라의 소경이나 고구려의 별도와 같은 존재가 확인되지 않는다. 다만 538년 사비 천도 이후 종전의 도성인 웅진성이 매우 중시되었다. 당시 웅진성은 광역 행정 구역의 중심지인 5방성 가운데 북방성이었지만, 사비도성의 궁궐을 수리하는 동안 무왕이 행행하고, 멸망 직전에는 의자왕이 피신하는 등 부도副都로 활용되었다. 이로 보아 사비 천도 이후에도 웅진성은 궁궐을 비롯하여 관아나 사찰 등이 어우러져 도성에 버금가는 경관을 연출했을 것으로 짐작된다.

[그림 23] 신원 도시 유적 분포도와 〈평양성각자성석〉(병술년: 566년)
신원 도시 유직은 고구려 후기 3경의 하나인 한성 별도로 추정된다.
재령강 양안의 넓은 평지에서 붉은색 기와층과 바둑판식 가로구획이 확인되었다.
〈평양성각자성석〉에는 "한성하후부漢城下後阝"라는 표현이 나오는데,
한성에 도성의 5부 행정 구역과 같은 '후부'가 설치되었음을 보여준다.
* 도면출처: 사회과학원 역사연구소, 《조선전사(3)》,
과학백과사전출판사, 1979, 72쪽
〈평양성각자성석〉: 북한 조선중앙력사박물관 소장 ⓒ 여호규

또 다른 부도副都의 후보지로는 익산 지역을 들 수 있다. 익산 지역은 일찍부터 무왕의 정치기반과 관련하여 많은 주목을 받았는데, 최근 고고 조사를 통해 미륵사지, 제석사지 등이 백제 후기 사찰임이 밝혀졌다. 특히 왕궁리 유적은 장기간의 발굴조사를 통해 사비 시기에 조영한 이궁離宮이나 별궁別宮 등 궁궐 유적임이 밝혀졌다.

[그림 24]에서 보듯이 왕궁리 유적의 궁장宮墻은 남북 길이 약 490미터, 동서 너비 약 240미터로 2대 1의 장방형 구조이다. 내부 공간은 북쪽의 후원 시설과 남쪽의 전각 구역으로 양분되는데, 전각 구역은 다시 4구역으로 나뉜다. 가장 남쪽의 제1공간에서는 정면 7칸, 측면 4칸의 대형 건물지, 제2공간과 제3공간에서는 1동 2실의 건물 2동과 부속 건물, 굴립주 건물 등이 확인되었다. 가장 뒤쪽의 제4공간에는 소형 건물지가 다수 배치되어 있다.

왕궁리 유적은 가장 앞쪽의 대형 건물지를 중심으로 집무 공간으로 보이는 1동 2실의 건물, 창고 시설로 보이는 굴립주 건물, 주거 공간으로 보이는 소형 건물지 등으로 이루어져 있었다. 이러한 왕궁리 유적의 건물 구성은 내리內裏 정전과 전전을 중심으로 여러 전각이 배치된 고대 일본의 전기 나니와궁의 구조와 유사하다. 익산 지역에서 시가 구역은 확인되지 않았지만, 궁궐과 사찰이 다수 확인되었다는 점에서 부도로 운영되었을 것으로 짐작된다.

이상과 같이 신라의 소경이나 고구려의 별도는 도성을 모방해 건설했고, 백제에도 도성에 버금가는 부도가 존재했다. 소경이나

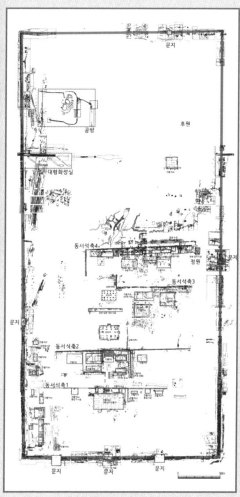

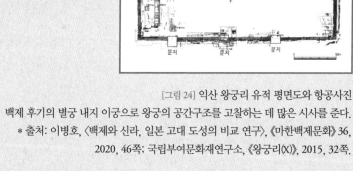

[그림 24] 익산 왕궁리 유적 평면도와 항공사진
백제 후기의 별궁 내지 이궁으로 왕궁의 공간구조를 고찰하는 데 많은 시사를 준다.
＊ 출처: 이병호, 〈백제와 신라, 일본 고대 도성의 비교 연구〉, 《마한백제문화》 36,
2020, 46쪽; 국립부여문화재연구소, 《왕궁리(X)》, 2015, 32쪽.

147

별도는 명칭 그대로 도성과 같은 성격을 지닌 '작은 서울' 또는 '또 다른 도성'이라 할 수 있다. 그렇다면 고대국가들은 왜 지방 각지에 도성과 같은 성격을 지닌 소경이나 별도를 건설했던 것일 까? 종전에는 소경이나 별도를 지방제도로 이해했기 때문에 이러한 의문을 풀기가 쉽지 않았다. 이를 풀려면 공간의 속성에 대한 이해를 바탕으로 영역 지배의 일반적인 원리를 더욱 깊이 탐구할 필요가 있다.

공간의 속성과 영역 지배의 기본 원리

공간은 인간의 활동이나 인식과 상관없이 우주에 보편적으로 존재하는 객관적 실재이다. 인간의 행위와 관계없이 태초부터 존재하던 공간을 원초적 공간이라 일컫는데, 우리가 서 있는 지구 표면 자체가 가장 대표적인 원초적 공간이다. 이러한 원초적 공간은 2장에서 서술한 것처럼 절대 공간과 상대 공간이라는 서로 상반된 두 가지 속성을 지닌다.

절대 공간은 뉴턴 물리학에서 비롯된 개념인데, 어떤 주체(인간)나 물체와 상관없이 지구 표면에 넓게 펼쳐져 있는 물리적 공간을 지칭한다. 이러한 지표상의 절대 공간은 좌표 평면이 동일한 형태로 끊임없이 확장되는 것처럼 연속적으로 균질하면서 어느 방향으로도 무한히 확장되는 등방적等方的 속성을 지니고 있다. 우리는 절대 공간의 이러한 연속성과 등방성을 활용해 지구 표면에 경·위도 좌표를 설정해 마치 좌표 평면처럼 다룬다.

상대 공간은 인간을 비롯한 각 주체나 물체의 상대적 위치 관계에 의해 인식된 공간을 일컫는다. 이러한 상대 공간은 어떠한 행위의 주체가 절대 공간의 일부를 점유하는 순간 창출된다. 상대 공간은 지표상의 무수한 점과 이를 연결한 수많은 선분(거리)의 조합으로 이루어지는데, 외형상 인간을 비롯한 특정 주체[물체]가 일정한 범위의 절대 공간을 점유하는 형태를 띤다. 이에 따라 상대 공간은 점유 주체[물체]에 의해 뚜렷이 구별되면서 서로를 개별화시키고 또한 격리하게 된다.

절대 공간이 연속적인 균질성과 무한한 등방성을 갖는 반면, 상대 공간은 비연속적이면서 유한한 속성을 지니는 것이다. 상대 공간의 비연속성과 유한성으로 인해 거리가 증가할수록 인간 행위의 효율성이 떨어지는 거리 감소 효과가 발생한다. 이는 각 경제 주체나 사회집단이 상호작용을 하는 데 커다란 물리적 장벽을 유발한다. 이에 따라 어떤 경제 주체나 사회집단이 구축한 사회·경제 시스템은 무한히 확장되지 못하고, 한정된 범위에만 영향력을 미치게 된다.

공간의 이러한 속성은 다양한 인간집단의 활동 범위를 이해하는 데 중요한 시사를 준다. 가령 미국 캘리포니아의 그레이트 밸리에 거주하는 인디언 집단은 15개 부족으로 구성되었는데, 각 부족의 활동 구역은 며칠 내에 갈 수 있는 거리를 넘지 않았다고 한다. 또 1725년 태평양 연안 캐나다 지역의 인디언 부족들은 보통 75마일, 넓어도 325마일 밖으로 영역을 넓히지 않았다고 한다. 북미의 인디언 부족들은 주변 지역을 잘 알고 있었고 원거리 교역도 활발하게 했지만, 일정 범위 이상으로 거주 구역이나 영역을 넓히지 않았던 것이다.

이는 그들이 점유한 상대 공간의 비연속성과 유한성으로 인해 활동 반경을 무한히 확장할 경우 거리 감소 효과에 따라 오히려 부족 구성원 사이의 물리적 장벽만 높아질 수 있었기 때문이다. 이로 인해 국가 등장 이전의 씨족이나 부족집단은 일반적으로 광활한 대지상에 점점이 산재하는 양상을 띤다. 그리하여 씨족이나 부족의 구성원은 거의 대부분 자신의 거주 구역을 벗어나지 않은 채 일생을 마감하고, 사자使者나 상인 등 극히 제한된 부류의 사람만 경계를 넘나들며 다른 지역을 왕래했다(Grahame Clark 1999, 62~65).

다만 각 씨족이나 부족이 점유한 상대 공간은 기본적으로 절대 공간상에 존재하므로 언제든지 절대 공간의 연속성을 바탕으로 무한히 확장될 우려가 있다. 이에 각 씨족이나 부족은 상호 간의 충돌을 미연에 방지하기 위해 양자 사이에 황무지 등 중립지대를 설정했다. 이러한 양상은 전근대 국가 사이에도 많이 나타나는데, 중립지대를 설정하기 위해 종종 정주 지역을 비우기도 한다(Markus Schroer 2010, 69~93).

이처럼 씨족이나 부족이 점유한 영역은 기본적으로 비연속성과 유한성을 특징으로 하는 상대 공간의 속성을 많이 지녔다. 반면 국가는 광활한 대지상에 산재하는 씨족이나 부족 등 여러 집단이나 정치체를 통합하면서 성립한다. 공간 개념으로 설명하면 국가는 절대 공간상에 존재하는 무수히 많은 상대 공간을 포섭하면서 그 영역을 확장해나간다고 할 수 있다.

다만 어떠한 국가도 무한한 연속성을 지닌 절대 공간을 모두 점유할 수는 없다. 아직까지 지구촌 전체를 점유한 국가가 출현하지 않은 사실은 이를 잘 보여준다. 국가권력이 일정한 공간 범위에 통치력을 행사하기 위해서는 절대 공간의 무한한 연속성을 부정하고, 인위적으로 구획할 필요가 있다. 국가권력은 무한히 연속되는 절대 공간에 인위적인 경계를 설정해 유한한 구획을 창출함으로써 절대 공간 자체를 실질적으로 포섭하는 것이다. 이처럼 국가권력이 절대 공간상에 유한한 구획을 설정해 포섭한 공간 범위를 '영역 territory'이라 한다.

일단 각 국가의 영역이 만들어지면 연속성과 무한성 등과 같은 절대 공간의 속성은 그 내부에서만 작용하게 된다. 특히 각 국가권력은 자신의 영토를 배타적으로 점유하고 구성원의 이탈을 방지하기 위해 국경을 설정한다. 다만 지구상의 어떤 국가도 홀로 존재할 수 없기 때문에 다른 집단이나 국가와의 상호작용을 위해 국경을 넘나들 수 있는 교섭 창구를 설치한다. 이러한 교섭 창구를 통해 이웃 지역이나 국가로 이어지는 절대 공간이 생성되고, 물품의 교역로(시장권)나 인간의 이동 루트(이주권) 등 다양한 행위 공간이 만들어진다.

물론 국가가 절대 공간에 유한한 구획을 설정해 영역을 확보하고, 그 외곽에 국경을 설치했다고 하여 곧바로 영역 내부를 강력하게 통치할 수 있는 것은 아니다. 영역 내부에는 각 경제 주체나 사회집단이 점유하거나 생산한 다양한 상대 공간이 존재하는데, 국가권력이 이러한 상대 공간을 모두 포섭해야 실질적인 지배를 이룩할 수 있다. 이에 국가권력은 다시 영역 내부를 일정한 구획 단위 곧 지방 행정 구역으로 분절한 다음, 다양한 지배 방식을 동원해 그 내부의 상대 공간을 포섭하며 실질적인 지배를 구현해간다.

이상과 같이 씨족이나 부족집단이 점유한 영역은 비연속성과 유한성을 특징으로 하는 상대 공간의 속성을 많이 지니고 있다. 반면 국가는 절대 공간상에 존재하는 무수히 많은 상대 공간을 포섭하면서 성립한다. 다만 어떠한 국가도 무한한 연속성을 지닌 절대 공간을 모두 점유할 수 없다. 이에 각 국가는 절대 공간에 유한한 구획을 설정해 배타적인 영역을 확보한 다음, 다시 전체 영역을 일정한 구획 단위로 분절하고 재통합하여 그 내부의 다양한 상대 공간을 포섭함으로써 실질적인 지배를 구현한다. 절대 공간과 상대 공간이라는 공간의 속성은 영역 지배의 일반적 원리를 이해하는 데 매우 중요한 시사를 준다.

고대 지방제도에 담긴 공간 지배의 원리

상기와 같은 공간 개념을 원용하면, 고대국가의 영역 확장은 절대 공간상에 존재하는 무수히 많은 상대 공간을 포섭하는 과정으로 이해할 수 있다. 다만 고대국가 성립 초기에는 각 상대 공간을 점유한 주민집단이나 정치체의 결속력이 강고했던 반면, 국가의 집권력은 상대적으로 미약했다. 이로 인해 고대국가가 영역 내부의 상대 공간을 인위적으로 재편하여 통치력을 관철하기 쉽지 않았다. 삼국 초기에 국왕이 각 부의 대표자들과 함께 국정을 운영하며 자치권을 인정해준 것은 바로 이 때문이다.

이에 정복 지역에 대해서도 각 주민집단이나 정치체의 기존 질서를 온존시키면서 간접적으로 지배했다. 고구려가 3세기에 동옥저의 토착세력을 사자使者로 삼아 공납을 징수하던 양상은 이를 잘 보여준다. 또한 지방관을 파견하지 못했기 때문에 국왕이 직접 복속 지역을 순행하며 통치력 강화를 도모하기도 했다(Markus Schroer 2010, 69~93). 삼국 초기만 하더라도 영역 내부에 포섭된 다양한 상대 공간을 인위적으로 분절하여 재편하는 지방 통치조직을 정비하지 못한 것이다.

삼국은 국왕 중심의 중앙집권체제를 갖추면서 지방 통치조직을 정비하기 시작했는데, 처음부터 영역 전체를 일정한 구획 단위로 분절하거나 재편할 만큼 집권력이 강력하지 못했다. 이에 지방제도 정비 초창기에는 각지의 전략적 요충지에 지배 거점을 구축하는 방식으로 통치력을 관철해나갔다. 고구려가 3~4세기에 주요 교통로를 따라 성곽을 축조하고 지방관을 파견한 사실, 백제가 웅진 시기에 지방의 주요 거점에 22담로를 설치한 사실은 이를 잘 보여준다.

이러한 지배 방식은 일반적으로 '거점 지배'나 '점點 지배'라 일컬어진다. 공간 개념으로 보면 영역 내부의 주요 상대 공간만 포섭한 단계이다. 아직 영역 내부에 존재하는 다양한 상대 공간을 모두 포섭했다고 보기는 어렵다. 다만 거점 지배가 더욱 촘촘히 시행됨에 따라 거의 모든 상대 공간이 지방 행정 구역 내부로 포괄되기에 이른다. 고대국가가 영역 전체를 일정한 구획 단위로 분절하여 지방 행정 구역으로 편성한 것이다.

영역을 일정한 구획 단위로 분절하는 것만으로는 실질적 지배를 확립하기 어렵다. 지방 행정 구역 내에는 여전히 각 경제 주체나 사회집단이 점유하거나 생산한 다양한 상대 공간이 존재하기 때문이다. 이러한 상대 공간을 실질적으로 포섭해야 지배를 이룩할 수 있다. 이를 공간 통합이라 한다. 공간 통합을 위해서는 두 가지 조건을 구비해야 한다.

먼저 공간 통합의 구심점을 확보해야 한다. 공간 통합의 구심점은 다양한 행위 주체가 특정 공간에 집적하여 각종 공공 시설, 유통 공간, 교통로 등 점유 형태가 유동적인 행위 공간을[*] 만듦으로써 성립한다. 이를 공간 집적空間集積이라 한다. 지방행정의 중심지治所는 바로 국가가 인위적으로 다양한 행위 공간을 건설하여 공간 집적을 이룩한 곳이다.

공간 통합의 구심점을 구축한 다음에는 지방 행정 구역 내에 존재하는 다양한 상대 공간과의 이동거리와 시간을 최소화해야 한다. 그래야 통합의 구심점을 중심으로 다양한 상대 공간을 실질적으로 포섭할 수 있다. 고대국가들이 각 지방 행정 구역의 교통 중심지에 치소治所를 설치하고, 이를 중심으로 다양한 교통 시설과 운송수단을 구축하는 것은 바로 이 때문이다.

이처럼 지방 행정 구역 내의 다양한 상대 공간을 포섭하여 공간 통합을 이룩한 다음에는, 이를 다시 국가적 차원에서 통제하며 재통합할 필요가 있다. 이에 고대국가는 영역 전체에 걸쳐 기초 지방 행정 구역을 설치한 후 이들을 포괄하는 상위의 행정 구역을 설치하며 여러 단계의 지방 통치조직을 갖추게 된다. 이를 통해 국가권력은 수평적으로 각급 지방 행정 구역을 상호 연관시켜 통제하는 한편, 도성을 정점으로 각급 지방 행정 구역을 수직적으로 통합해 영역 전체에 대한 지배를 구현해나간다(David Harvey 1994, 298).

---

[*] '행위 공간'은 교통로나 역참, 공동 방목지 등 특정 주체가 아니라 다중多衆이 사용하거나 점유하며, 그 점유 형태가 유동적인 공간을 일컫는 개념이다(水岡不二雄 2010, 247~248).

고구려 후기의 5부部, 백제 후기의 5방方, 신라 중고기의 주州 등은 이러한 지방 통치조직 가운데 최상위의 광역 행정 구역이다. 다만 이러한 삼국 후기의 광역 행정 구역은 그 하위의 기초나 중간 행정 구역을 통합하는 기능이 매우 제한적이었다. 고구려 5부의 장관은 욕살褥薩이라 불렸는데, 군사지휘관의 성격이 강했다. 백제 5방의 장관인 방령方領은 700~1,200명의 병력을 거느렸는데, 역시 군사지휘관의 면모가 강했다.

신라 중고기의 주州도 군관구의 성격이 강했고, 주치州治는 군사거점의 성격이 강했다. 주의 장관을 '군주軍主'라 부른 것이나 대외정세 변화에 따라 주치를 자주 옮긴 사실은 이를 잘 보여준다. 주州는 주로 병력 동원이나 군사작전 수행 등 군관구의 역할을 담당했고, 주치는 지방행정 중심지의 기능을 거의 수행하지 못했다. 이에 신라는 각 주에 행사대등行使大等을 파견하여 주 내부를 순회하며 각급 지방관을 감독하도록 했다.[*] 순수비를 많이 세운 진흥왕의 사례에서 보듯이 국왕이 직접 정복 지역을 순행하며 통치력의 강화를 도모하기도 했다.

신라가 6세기 초부터 소경을 설치한 사실은 이와 관련해 새롭게 이해할 수 있다. 신라는 6세기에 영역 전체를 군(성)·촌 등의

---

[*] "각 지방 관청에 통합을 이룩하기 위한 초지역적 수단이 없을 경우, 관리의 순회가 공간적인 분산 상태를 중앙 집중화시키는 데 가장 효과적이었다"고 한다 (Markus Schroer 2010, 69~93).

시간이 놓친 역사, 공간으로 읽는다 ─●

지방 행정 구역으로 편제하는 한편, 최상위의 광역 행정 구역으로 주를 설치했다. 그렇지만 전술했듯이 주치는 지방행정 중심지의 기능을 거의 수행하지 못했다. 사실상 각급 지방 행정 구역을 국가적 차원에서 통합할 거점이 없었던 것이다.

이에 신라는 각 지역과 도성을 잇는 교통로상의 요충지에 아시촌소경, 국원소경 등을 설치해 각급 지방 행정 구역을 통합하는 거점으로 삼았다. 주치가 대외정세 변화에 따라 자주 이동했지만, 소경은 같은 장소에서 계속 통합의 거점으로 기능했다. 소경은 각 지역과 도성을 잇는 교통로상의 요충지에 설치되었다는 점에서 각 지방 행정 구역에서 수취한 물자를 집하한 후 이를 도성으로 운송하는 기능이 가장 중요했다고 보인다.

소경은 도성을 중심으로 하는 물류망을 구축하기 위한 중간 집하장으로 출발했다. 다만 신라 도성은 동남쪽에 치우쳐 있었을 뿐 아니라, 내륙 수로나 해로와 직접 연결되어 있지 않았다. 신라가 물류 운송의 중간 집하장을 건설하더라도, 각지에서 수취한 물자를 모두 도성까지 운송하려면 막대한 물류비용이 들었다. 이에 신라는 도성민을 내거 소경으로 이주시켜 각지에서 수취한 물자의 일부를 현지에서 소비하도록 했다.

이를 통해 신라는 물류비용을 최소화하는 한편, 각급 지방 행정 구역을 국가적 차원에서 수직적으로 통합할 거점을 구축했다. 신라의 소경은 주가 광역 행정 구역의 기능을 거의 수행하지 못하는 상황에서 각급 지방 행정 구역을 국가적 차원에서 재통합하고, 도성을 정점으로 하는 공간 지배망을 구축하기 위해 설치되었던 것이다. 신라 소경의 이러한 면모는 통일신라기의 5소경을 통해 보다 명확하게 살펴볼 수 있다.

영역 통합의 구심점, 소경과 별도

신라는 삼국통일 이후 영역 전체를 9주로 편성하고, 각 주를 다시 군·현으로 구획했다. 각급 지방 행정 구역마다 주치, 군치, 현치 등의 치소를 설치했는데, 교통 중심지에 위치했을 뿐 아니라, 지방 통치에 필요한 다양한 기능을 집적하여 공간 통합의 구심점 역할을 수행했다. 특히 주와 그 아래의 군·현 사이에 상하 통속 관계가 강화되고, 주치는 더이상 옮겨지지 않았다. 주치가 명실상부하게 광역 행정 구역의 중심지라는 위상을 확보한 것이다.

이러한 지방제도의 정비 양상만 놓고 보면, 더이상 소경을 설치할 필요가 없어진 것처럼 보인다. 그런데 신라는 삼국통일 이후 9주와 함께 5소경도 완비했다. 신라가 삼국통일 이후 종전의 소경을 더욱 확대하여 설치한 것이다. 그럼 신라는 주치가 명실상부하게 광역 행정 구역의 중심지라는 위상을 확보했는데, 왜 소경을 더욱 확대하여 설치한 것일까?

전술했듯이 국가가 영역 전체에 대한 지배를 구현하기 위해서는 각급 지방 행정 구역을 국가적 차원에서 통제하며 통합할 필요가 있었다. 전근대 시기의 경우, 이러한 국가적 차원의 공간 통제와 조직화는 일반적으로 도성을 중심으로 이루어지며, 이때 도성은 '재화의 공급 집적지'라는 성격을 띠게 된다. 도성이 영역 전체를 통합하는 구심점 역할을 수행하기 위해서는 재화의 공급 집적지라는 입지조건을 갖추어야 했다.

신라 도성인 경주는 동남부에 치우쳐 있을 뿐 아니라, 내륙 수로나 해로를 이용하기도 쉽지 않았다. 신라 도성이 재화의 공급 집적지라는 입지조건을 갖추었다고 보기 어려운 것이다. 이에 삼국통일 이후 신문왕이 낙동강 수로와 잇닿은 달구벌(지금의 대구)로 도성을 옮기려 했지만, 진골 귀족의 반대로 실현하지 못했다.

이에 비해 삼국통일 이후 신라의 영역은 소백산맥 외곽으로 더욱 확장되었다. [그림 21]에서 보듯이 통일신라의 9주 가운데 3분의 2인 6개 주가 소백산맥 외곽에 위치했다. 이로 인해 신라는 소백산맥 외곽의 각 주에서 수취한 물자를 소백산맥의 고갯길을 통해 도성으로 운송해야 했다. 이때 각 주의 중심지에 자리한 주치州治로 수취 물자를 집하하면 공력을 이중으로 허비하게 된다. 주치보다 도성에 가까운 군·현이 상당수 있는데 운송거리와 비용이 증가하기 때문이다.

이에 각 군현의 수취 물자는 각 주에서 도성 방면에 위치한 제3의 장소로 집하했을 텐데, 가장 유력한 후보로 소경을 들 수 있다. 금관소경을 제외한 5소경은 각 주에서 도성으로 나아가는 곳에 위치했는데, 한강이나 금강 등 각 주를 흐르는 내륙 수로와 소백산맥의 고갯길이 만나는 수로·육로의 결절점이다. 이로 보아 신라는 각 군·현에서 수취한 물자를 소경에 집하한 다음, 소백산맥의 고갯길을 통해 도성으로 운송한 것으로 추정된다.

그런데 전근대 시기에는 교통수단이 발달하지 않아 육로로 물자를 운송할 경우 막대한 비용이 소요되었다. 특히 험준한 고갯길을 넘어야 할 때는 운송비용이 더욱 증가했다. 조선 후기에 경북 북부에서 쌀 1석을 소백산맥의 죽령이나 조령을 넘어 충주까지 운반하는데 쌀 2석이 들었다고 한다(김재완 2000, 327). 배보다 배꼽이 더 컸던 셈이다. 이러한 막대한 운송비용을 고려하면 도성까지 운송하지 않고 현지에서 소비하는 것이 훨씬 효율적이었다.

신라는 삼국통일 이후에도 도성의 인구를 대거 소경으로 이주시켜 도성에 비견되는 도시로 조성했다. 이에 따라 각지에서 수취한 물자는 소경에 일시적으로 보관되거나 비축되었고, 상당 부분은 소경민의 생활이나 원료의 가공처리 등을 위해 소비되었다. 이를 통해 신라 국가나 진골 귀족들은 물류비용을 최소화하면서 소백산맥 외곽의 경제기반을 관리할 수 있었다. 소경이 많은 인구가 집주하여 복합기능을 수행하는 도시로 발전한 것이다.

이처럼 신라는 각지의 물자를 가장 효율적으로 도성으로 운송할 수 있는 지점에 소경을 건설하여 도성 중심의 물류망을 구축했다. 주치가 각 주의 행정 중심지였다면, 소경은 도성 중심의 물류망을 구축하기 위해 건설한 거점도시였다. 소경은 단순히 도성이나 주치의 취약점을 보완하는 기능을 수행한 것이 아니라, 영역 전체를

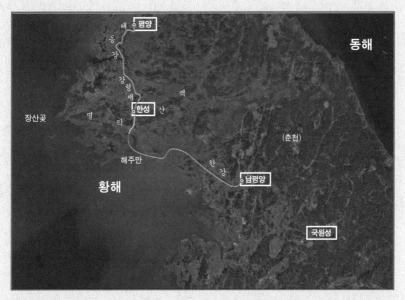

[그림 25] 고구려의 중부 지역~평양 도성 물류망과 한성 별도
고구려는 해난 사고가 잦은 장산곶을 피해 멸악산맥의 재령-해주로를 활용해
한강-서해 수로와 재령강-대동강 수로를 잇는 물류망을 구축했다.
한성 별도는 이 물류망의 거점으로 '재화의 공급 집적지' 기능을 수행했다.
 * 출처 : 여호규, 〈고구려의 한반도 중부지역 지배와 한성 별도의 건설〉,
《한국고대사연구》 99, 2020, 258쪽의 지도 2.

연계시켜 도성을 정점으로 통합하는 역할을 수행했던 것이다.

신라는 삼국통일 이후에도 동남부에 치우친 도성의 지리적 취약점을 보완하기 위해 소백산맥 외곽의 수로·육로 결절점에 '재화의 공급 집적지'인 소경을 건설했다. 이런 점에서 소경은 도성을 모방하여 복합기능을 수행할 수 있도록 건설한 집적 공간일 뿐아니라, 도성처럼 '재화의 공급 집적지' 기능을 수행한 또 다른 도성이었다.

통일신라의 소경은 단순히 지방통치를 보완하는 존재가 아니라, 도성과 더불어 각급 지방 행정 구역을 통제하고 조직하여 영역 전체를 통합하던 구심점이었다. 신라가 소경을 도성에 비견되는 위상을 가진 도시로 육성한 이유는 바로 여기에 있다. 신라의 소경은 기존 공간의 분절과 조직화를 통해 영역 전체를 새로운 사회적 생산 공간으로 편성하고 생산하는 데 핵심적인 역할을 수행했다.

이러한 양상은 고구려 후기의 한성 별도에서도 확인된다. 고구려는 475년 백제 도성을 함락시키고 한강 유역 등 중부 지역을 석권한 다음, 한강 수로와 서해 해로를 활용해 지방 지배를 도모했다. 중부 지역에서 거둔 각종 물자를 수로를 이용해 평양 도성까지 운송했는데, 황해도 연안의 장산곶은 해난 사고가 자주 일어났다. 이에 고구려는 멸악산맥의 재령-해주로를 활용해 서해 해로와 재령강-대동강 수로를 연결하는 물류망을 구축했다.

이러한 물류망을 운영하기 위해 재령강 상류에 중간 집하장을 건설했는데, 이것이 한성 별도의 출발점이었다. 물자가 많이 집하되자, 한성 별도는 점차 많은 인구가 집주하여 각종 물자를 관리·비축하거나 소비하면서 복합기능을 수행하는 도시로 발전했다. 한성 별도도 신라의 소경처럼 도성을 모방하여 복합기능을 수행할 수 있도록 건설한 집적 공간으로 '재화의 공급 집적지' 기능을 수행했던 또 다른 도성이었다(여호규 2020).

이처럼 신라의 소경이나 고구려의 별도는 기본적으로 '재화의 공급 집적지' 기능을 수행했다. 도성이 '재화의 공급 집적지' 역할을 충분히 수행하지 못했기 때문이다. 그런데 백제 후기의 웅진성이나 익산 지역은 신라의 소경이나 고구려의 별도와 조금 다른 성격을 지녔다. 전술했듯 웅진성이나 익산 지역은 부도副都의 위상을 지니고 있던 것으로 추정된다.

다만 익산 지역에서는 궁궐이나 사찰 유적만 발견되고, 대규모 인구가 집주한 시가 구역은 발견되지 않았다. 익산 지역이 정치와 종교적 면모는 강했지만, '재화의 공급 집적지'라는 기능은 약했던 것이다. 이는 백제 도성의 입지조건과 관련이 있다. 백제 도성은 한강이나 금강 변에 위치하여 각지에서 수취한 물자를 수로를 이용해 비교적 쉽게 도성으로 운송할 수 있었다. 백제는 굳이 막대한 비용을 들여 소경이나 별도를 건설할 필요가 없었다. 이런 점에서 백제 후기의 부도는 주로 정치적 목적에서 건설되었던 것으로 보인다.

전근대 시기라 하더라도 도성이 '재화의 공급 집적지'라는 입지조건을 충분히 수행할 수 있으면, 굳이 막대한 비용을 들여 소경이나 별도를 건설할 필요가 없었다. 고려나 조선의 사례는 이를 잘 보여준다. 고려 개경이나 조선 한양은 한반도의 중심부에 위치했을 뿐 아니라, 서해 해로와 내륙 수로를 비교적 쉽게 이용할 수 있었다. 이에 고려와 조선은 서해 해로와 내륙 수로를 활용해 도성을 중심으로 하는 전국적인 물류망인 조운체계를 구축했다. 고려나 조선 모두 신라의 소경이나 고구려의 별도와 같은 거점도시를 더이상 조영할 필요가 없었다.

이상과 같이 공간 개념을 원용하면 다양한 인간집단의 활동 범위나 영역 지배의 일반적인 원리를 보다 명확하게 이해할 수 있다. 또한 시기별 지방 통치조직도 상호 비교하여 그 특징을 명료하게 이해할 수 있다. 특히 각 국가가 어떠한 방식으로 영역 전체에 걸친 공간 지배망을 구축하는지 구체적으로 파악할 수 있다. 공간을 통한 역사 읽기는 역사를 더욱 풍부하고 다채롭게 이해하기 위한 출발점이다.

인류는 공간을 무대로 삼아 삶을 꾸리고 역사를 일구어왔다. 공간은 인간 생존의 근본조건이자 역사의 무대이다. 실제 거의 모든 창조신화는 가장 먼저 하늘과 땅이 열리며 공간이 생성되는 것을 묘사했다. 그런 다음에 빛과 바람, 생명체 등이 탄생되는 것으로 묘사된다. 전근대 사람들도 세계나 역사를 인식할 때 '시간' 보다 '공간'을 더 우선시했다. 중국의 화이관華夷觀은 천하라는 공간을 중화中華와 이적夷狄으로 구분한 이분법적 세계관이다. 고구려인들도 자신의 영토와 주변 지역을 공간적으로 구별하는 방식으로 자국 중심의 천하관을 확립했다.

이처럼 공간은 인류 역사에서 매우 중요한 존재이지만, 근대 역사학에서는 상당히 오랫동안 제대로 대접받지 못했다. 제1장에서 살펴본 바와 같이 근대 역사학에서 공간이 제대로 대접을 받지 못한 가장 큰 이유는 시간 우위의 역사관 때문이다. 근대 이전에는 교통이나 통신수단이 발달하지 않아 인류는 공간의 제약을 크게 받으며 삶을 영위했다. 이로 인해 전근대의 세계관이나 역사관에 서는 공간이 인식의 기준을 이룰 정도로 큰 비중을 차지했다.

반면 근대사회로의 전환과 함께 각종 교통과 통신 수단의 발달로 공간의 압축과 절멸 현상이 일어났다. 인류가 공간의 제약에서 비교적 자유로워진 것이다. 이와 함께 진화론이 등장하면서 같은 시기에 공시적으로 존재한 지구상의 다양한 사회나 정치체를 시간적 선후를 달리하며 존재한 것처럼 서열화하는 역사 인식이 널리 확산했다. 마르크스가 주창한 사적 유물론도 시간의 흐름에 따른 역사 발전을 강조하기 위해 '혁명적 시간' 개념을 도입한 다음, 지리를 중시하는 태도를 반역사적인 것으로 치부하기도 했다. 공간을 배제한 시간 우위의 역사관이 확립한 것이다.

시간 우위 역사관의 기준은 서구가 이룩한 근대문명이었다. 서구인들은 '자신들의 근대'를 기준으로 세계 각지의 역사와 문화를 시간적으로 서열화하고, 심지어 미개와 문명으로 구별하면서 자신들의 식민 지배를 정당화하는 근거로 삼았다. 시간 우위 역사관의 밑바탕에는 서구 중심적 편향성이 강하게 자리 잡고 있었던 것이다. 이런 점에서 우리 학계가 서구 중심 역사관의 문제점을 비판하며 공간에 관심을 기울이기 시작한 것은 당연한 귀결이라 할 수 있다. 필자도 이러한 분위기의 영향을 받으며 공간에 조금씩 관심을 가졌던 것 같다.

인류의 역사는 시간과 공간을 두 축으로 삼아 전개되었다. 이 가운데 시간은 매 순간 변화의 흐름을 느낄 수 있지만, 공간은 별다른 변화 없이 언제나 같은 모습으로 존재하는 것처럼 생각하기 쉽다.

공간의 제약을 많이 받았던 전근대 사람들도 자신들의 일상 공간을 그냥 주어진 물리적 존재로 받아들이고, 이를 별도로 묘사하거나 기록으로 남길 생각을 하지 못했다. 이로 인해 거의 모든 역사서는 시간의 변화를 기준으로 서술되었고, 공간을 별도로 다룬 경우는 많지 않다. 현전하는 역사서를 통해 각 시기 역사의 무대를 이룬 공간을 상세히 복원하고, 그 속에 담겨 있을 다양한 역사상을 추출하기가 쉽지 않은 것이다.

그렇지만 인류의 어떠한 행위도 공간을 떠나 이루어질 수는 없다. 역사서에는 어떠한 형태로든 공간의 흔적이 남아 있을 수밖에 없는 것이다. 이러한 흔적을 모아나가면 공간을 복원할 실마리를 확보할 수 있다. 공간구조나 그 변화를 더욱 체계적으로 고찰하려면 다양한 공간이론의 도움을 받을 필요가 있다.

이 책의 제2장에서 다소 생경한 느낌을 줄 수도 있는 공간이론을 장황하게 소개한 이유는 이 때문이다. 가령 위치와 장소라는 개념은 공간 이해의 출발점을 이루고, 장소 정체성은 인간과 장소의 상호작용을 이해하는 데 중요한 실마리를 제공한다.

필자도 이러한 개념을 통해 전통 시대 역사서에 기술된 각종 지리 위치 표시 방식의 정치적 편향성을 이해할 수 있었다. 또 고구려인들이 건국 초기에 왜 강변에서 하늘에 제사하는 동맹제東盟祭를 거행하고, 숲속 사냥터에서 쿠데타를 모의했는지 그 이유를 새롭게 파악할 수 있었다(제2장). 공간이론이 그냥 지나칠 뻔했던 사료나 사건을 더욱 정치하게 분석할 실마리를 제공한 것이다.

위치나 장소라는 개념은 종전 역사 연구에서도 종종 사용되었지만, '공간' 개념은 거의 주목을 받지 못했다. '장소'가 주관적이고 개성적인 성격을 지닌 개념이라면, '공간'은 객관적이고 보편적인 성격을 지닌 개념이다. 이에 불특정 다수가 공유하는 보편적 요소를 찾고자 할 때, '장소'보다 '공간' 개념을 사용한다. 역사 연구에서도 다양한 사람이나 집단이 공유하는 사회구조나 정치체제를 연구할 때는 '공간' 개념을 적극적으로 받아들일 필요가 있다.

'공간' 개념을 역사 연구에 활용하기 위해서는 몇 가지 개념과 이론을 조금 더 이해할 필요가 있다. 제2장에서 서술한 것처럼 '공간'은 위치와 마찬가지로 절대 공간과 상대 공간으로 구분한다. 절대 공간이 균질적이고 고정 불변적인 물리적 공간을 일컫는다면, 상대 공간은 공간을 인간 활동에 의해 새롭게 창조되거나 끊임없이 변화한다고 상정하는 개념이다. 상대 공간 개념에서는 공간을 자연적으로 주어진 물리적 존재가 아니라 인간 활동과의 관련 속에서 이해한다.

상대 공간 개념에서 공간을 파악하는 방식은 다시 두 가지로 나뉜다. 첫째는 공간을 인간의 지각을 통해 인식한 대상으로 보는 견해이고, 둘째는 인간의 활동에 의한 사회적 생산물로 보는 견해이다. 이러한 상대 공간 개념을 통해 인류의 공간 인식이 역사적으로 얼마나 많이 바뀌었고, 또 공간에 해당 시기의 정치체제나 사회구조가 얼마나 고스란히 담겨 있는지 확인할 수 있다.

첫 번째 견해는 인간의 지각에 따라 동일한 공간에 대한 인식이 얼마나 달라지며, 그로 인해 새로운 공간이 어떻게 창출되는지 잘 보여준다. 국왕의 신체를 기준으로 고대 왕궁이나 도성을 조영하던 양상은 인간의 지각에 의해 인식된 공간의 모습을 가장 잘 제시해준다(제2장). 한백겸을 비롯한 조선 시기 유학자들이 고구려 평양성의 격자형 가로구획을 기자 정전제井田制의 흔적이라고 인식한 것도 인간의 지각에 따라 공간 인식이 얼마나 달라지는지 잘 보여준다(제3장).

두 번째 견해에서 '사회적 생산 공간'이라는 개념이 도출되는데, 말 그대로 공간을 사회적인 생산물로 바라보는 관점이다. 이 개념을 통해 역사 속의 다양한 공간을 분석하면, 공간의 생산을 뒷받침한 사회구조, 경제 관계, 정치체제 등을 탐구할 수 있다. '사회적 생산 공간'은 앞으로 역사학에서 많은 관심을 기울여야 할 매우 중요한 개념이라 할 수 있다.

이 책에서도 '사회적 생산 공간' 개념을 차용하여 고대인들이 도성을 바둑판 모양의 계획도시로 건설한 까닭(제3장), 삼국 초기에는 경복궁과 같은 왕궁을 짓지 못한 이유(제4장), 지방 각지에

'또 다른 서울'을 건설한 배경(제5장) 등을 고찰했다. 이를 통해 바둑판 모양 계획도시는 고대 신분제의 구현과 연관되고, 왕궁의 공간구조는 정치체제의 변화에 따라 여러 차례 달라졌고, 지방 각지에 건설한 '또 다른 서울'은 고대국가의 영역 지배원리와 연관된다는 사실을 밝혔다.

필자도 제대로 이해하지 못한 다양한 공간이론을 다소 장황하게 기술하여 많은 독자가 생경하다는 느낌을 받았을 것이다. 또 공간이론을 한국고대사에 접목하는 과정에서 다소 성급한 결론을 내린 부분도 없지 않을 것이다. 공간을 통한 역사 연구를 더욱 체계적으로 진행하기 위한 몸부림으로 혜량해주시기를 바랄 뿐이다. 앞으로 무수히 생성될 온라인상의 다양한 가상 공간을 포함해 지구상에 존재했거나 존재할 어느 시기의 어떠한 공간이든 역사 연구에서 항상 정당한 대접을 받기를 바라며 글을 마무리한다.

• 참고문헌

1. 지리학 및 공간 이론서

국토연구원 엮음, 《공간이론의 사상가들》, 한울, 2001.

국토연구원 엮음, 《현대 공간이론의 사상가들》, 한울, 2005.

유현준, 《공간이 만든 공간》, 을유문화사, 2020.

전종한·서민철·장의선·박승규, 《인문지리학의 시선》(개정2판), 사회평론, 2012.

하용삼, 〈사적·공적 공간의 분할과 통합 그리고 기능의 잠재태로서 공간〉, 《공간의 사유와 공간이론의 사회적 전유》(류지석 엮음), 소명출판, 2013.

Clark, Grahame, 정기문 옮김, 《공간과 시간의 역사》, 푸른길, 1999.

Giddens, Anthony, 황명주·정희태·권진현 옮김, 《사회구성론》(개정판), 간디서원, 2006.

Harvey, David, 구동회·박영민 옮김, 《포스트 모더니티의 조건》, 한울, 1994.

Lefebvre, Henri, 양영란 옮김, 《공간의 생산》, 에코리브르, 2011.

Relph, Edward, 김덕현·김현주·심승희 옮김, 《장소와 장소상실》, 논형, 2005.

Schroer, Markus, 정인모·배정희 옮김, 《공간, 장소, 경계》, 에코리브르, 2010.

Soja, Edward, 이무용 외 옮김, 《공간과 비판사회이론》, 시각과언어, 1997.

Tuan, Yi-Fu, 구동회·심승희 옮김, 《공간과 장소》, 도서출판 대운, 1995(윤영호·김미선 옮김, 《공간과 장소》, 사이, 2020).

菊地利夫, 윤정숙 옮김, 《역사지리학 방법론》, 이회문화사, 1995.

大城直樹, 〈탈식민주의 상황과 지리학〉, 大內俊雄 엮음, 심정보 옮김, 《공간의 정치
지리》, 푸른길, 2010.

水岡不二雄, 〈공간, 영역, 건조환경〉, 大內俊雄 엮음, 심정보 옮김, 《공간의 정치지
리》, 푸른길, 2010.

野澤秀樹, 〈지리학에 있어서 공간의 사상사〉, 大內俊雄 엮음, 심정보 옮김, 《공간의
정치지리》, 푸른길, 2010.

2. 역사학 분야의 저서와 논문

국립경주문화재연구소, 《신라 왕경 발굴조사보고서》, 2002.

국립부여문화재연구소, 《왕궁리(X)》, 2015.

기경량, 〈고구려 왕도 연구〉, 서울대학교 국사학과 박사학위논문, 2017.

김낙중, 〈백제 사비기의 도성과 왕궁〉, 《백제와 주변 세계》, 진인진, 2012.

김복순, 〈신라 왕경 사찰의 분포와 체계〉, 《新羅文化祭學術論文集》 27, 경상북도,
2006.

김영하, 〈고구려의 순수제〉, 《역사학보》 106, 역사학회, 1985.

김재완, 〈경부선 철도 개통 이전의 충북지방의 소금유통 연구〉, 《중원문화논총》 4,
충북대학교 중원문화연구소, 2000.

김희선, 《동아시아 도성제와 고구려 장안성》, 지식산업사, 2010.

노태돈 편저, 《단군과 고조선사》, 사계절, 2000.

박방룡, 〈신라 왕도의 교통로〉, 《新羅文化祭學術論文集》 16, 경상북도, 1995.

_____, 〈신라 도성 연구〉, 동아대학교 사학과 박사학위논문, 1997.

박순발, 〈사비도성의 구조에 대하여〉, 《백제연구》 31, 충남대학교 백제연구소,
2000.

_____, 〈사비도성 공간구획 예찰〉, 《호서지방사연구》, 경인문화사, 2003.

_____, 《백제의 도성》, 충남대학교출판부, 2012.

박태우, 〈통일신라시대의 지방도시에 대한 연구〉, 《백제연구》 18, 충남대학교 백제
연구소, 1987.

박한제, 〈북위 洛陽社會와 胡漢體制〉, 《태동고전연구》 6, 한림대학교 태동고전연구
소, 1990.

사회과학원 역사연구소, 《조선전사(3)》, 과학백과사전출판사, 1979.

山本孝文, 〈백제 사비도성의 관료와 거주공간〉, 《고대 도시와 왕권》, 서경문화사,
2005.

서울학연구소 평양학연구센터, 《평양의 옛지도》, 2022.

신창수, 〈중고기 왕경의 사찰과 도시계획〉, 《신라문화제학술논문집》 16, 경상북도,
1995.

_____, 〈신라의 왕경〉, 《한국고대사강좌(7)》, 가락국사적개발연구원, 2002.

신희권, 〈백제 한성시대 도성제도에 관한 일고찰〉, 《향토서울》 76, 서울특별시,
2010.

양기석, 〈신라 오소경의 설치와 서원경〉, 《호서문화연구》 11, 충북대학교 중원문화
연구소, 1993.

양정석, 《한국 고대 정전의 계보와 도성제》, 서경, 2008.

여호규, 〈신라 도성의 공간구성과 왕경제의 성립과정〉, 《서울학연구》 18, 서울시립
대학교 서울학연구소, 2002a.

_____, 〈한국 고대의 지방도시〉, 《강좌 한국고대사(7)》, 가락국사적개발연구원,
2002b.

_____, 〈고구려 국내성 지역의 건물유적과 도성의 공간구조〉, 《한국고대사연구》
66, 한국고대사학회, 2012.

_____, 〈고구려 도성의 의례 공간과 왕권의 위상〉, 《한국고대사연구》 71, 한국고
대사학회, 2013.

_____, 〈6~8세기 신라 왕궁의 구조와 정무·의례 공간의 분화〉, 《역사와현실》 94,
한국역사연구회, 2014a.

_____, 〈한국 고대 공간사 연구의 가능성 모색〉, 《한국고대사 연구의 시각과 방
법》(노태돈교수정년기념논총1), 사계절, 2014b.

여호규, 〈삼국 초기 도성의 형성과정과 입지상의 특징〉, 《삼국시대 국가의 성장과 물질문화(1)》, 한국학중앙연구원출판부, 2015a.

_____, 〈삼국 후기 도성 경관의 변화와 그 특성〉, 《삼국시대 국가의 성장과 물질문화(2)》, 한국학중앙연구원출판부, 2015b.

_____, 〈고구려와 중국왕조의 만주지역에 대한 공간인식〉, 《한국고대사연구》 88, 한국고대사학회, 2017a.

_____, 〈백제 웅진 도성의 왕궁 위치와 조영과정〉, 《이화사학연구》 55, 이화여자대학교 이화사학연구소, 2017b.

_____, 〈7~8세기 신라의 시보제 시행과 도성민의 시간생활〉, 《대구사학》 132, 대구사학회, 2018.

_____, 〈고구려의 한반도 중부지역 지배와 한성 별도의 건설〉, 《한국고대사연구》 99, 한국고대사학회, 2020.

_____, 〈신라 상고기의 도성구조와 금성·월성의 성격〉, 《신라문화》 58, 2021.

우성훈, 〈신라 왕경 경주의 도시계획에 관한 연구〉, 성균관대학교 건축공학과 석사학위논문, 1996.

이근우, 〈신라의 도성과 일본의 도성〉, 《신라문화》 26, 동국대학교 신라문화연구소, 2005.

이병도, 《한국고대사연구》, 박영사, 1976.

이병호, 〈백제 사비도성의 구조와 운영〉, 《한국의 도성》, 서울시립대학교 서울학연구소, 2003.

_____, 〈백제 사비시기 도성의 의례공간과 왕권〉, 《한국고대사연구》 71, 한국고대사학회, 2013.

_____, 〈백제와 신라, 일본 고대 도성의 비교 연구〉, 《마한백제문화》 36, 원광대학교 마한백제문화연구소, 2020.

이성호, 〈백제 사비도성의 지형복원 연구〉, 《선사와 고대》 37, 한국고대학회, 2012.

이영호, 〈7세기 신라 왕궁의 변화〉, 《신라문화제학술논문집》 26, 경상북도, 2005.

이은석, 〈신라 왕경 발굴의 과제〉, 《신라사학보》 5, 신라사학회, 2005.

임병태, 〈신라소경고〉, 《역사학보》 35·36, 역사학회, 1967.

전덕재, 〈신라 소경의 설치와 그 기능〉, 《진단학보》 93, 진단학회, 2002.

_____ , 〈신라 里坊制의 시행과 그 성격〉, 《신라문화제학술논문집》 26, 경상북도, 2005.

_____ , 《신라 왕경의 역사》, 새문사, 2009.

채미하, 〈신라의 四海와 四瀆〉, 《역사민속학》 26, 한국역사민속학회, 2008.

최광식, 〈신라 상대 왕경의 祭場〉, 《신라문화제학술논문집》 16, 경상북도, 1995.

최희림, 《고구려 평양성》, 과학백과사전출판사, 1978.

한인호·리호, 〈평양성 외성 안의 고구려 도시리방과 관련한 몇 가지 문제〉, 《조선 고고연구》, 사회과학출판사, 1993.

홍순민, 《우리 궁궐 이야기》, 청년사, 1999.

_____ , 《홍순민의 한양읽기: 궁궐(상·하)》, 눌와, 2017.

황인호, 〈신라 왕경의 도시계획화 과정 연구〉, 《신라사학보》 7, 신라사학회, 2009.

楊寬, 〈封閉式的里制和坊制〉, 《中國古代都城制度史研究》, 上海: 上海古籍出版社, 1993.

龜田博, 《日韓古代宮都の研究》, 東京: 學生社, 2000.

藤島亥治郎, 〈朝鮮建築史論〉, 《建築雜誌》, 東京: 建築學會, 1930; 《朝鮮建築史論》, 경인문 화사, 1969.

山下信一郎, 〈宅地の班給と賣買〉, 《古代都市の構造と展開》, 奈良: 奈良國立文化財研究所, 1998.

林部均, 《古代宮都形成過程の研究》, 東京: 青木書店, 2001.

佐藤信, 〈長岡京から平安京へ〉, 《古代を考える平安の都》, 東京: 吉川弘文館, 1991.

시간이 놓친 역사, 공간으로 읽는다 ──●

시간이 놓친 역사, 공간으로 읽는다 ──●

금요일엔 역사책 **3**

시간이 놓친 역사, 공간으로 읽는다

2023년 6월 21일 1판 1쇄 인쇄
2023년 6월 26일 1판 1쇄 발행

지은이	여호규
기획	한국역사연구회
펴낸이	박혜숙
디자인	이보용
펴낸곳	도서출판 푸른역사
	우) 03044 서울시 종로구 자하문로8길 13
	전화: 02)720−8921(편집부) 02)720−8920(영업부)
	팩스: 02)720−9887
	전자우편: 2013history@naver.com
	등록: 1997년 2월 14일 제13−483호

ISBN 979−11−5612−255−5 04900
       979−11−5612−252−4 04900(세트)

• 잘못 만들어진 책은 교환해드립니다.